AF429937

Bébé dort au paradis

Alexandre

Table des matières

Brève introduction

Tout n'est vraiment pas difficile du tout. Le plus difficile est de décider, de commencer à agir. Il n'y a pas de bouton magique, mais il y a une expérience inestimable acquise dans le sommeil des enfants, elle est rassemblée dans ce livre, intégrée dans un système compréhensible et, surtout, efficace.

Grâce au livre, vous acquerrez des connaissances sur la façon d'améliorer le sommeil de votre enfant étape par étape. Les devoirs proposés sur ses pages vous aideront à mettre en pratique les nouvelles informations. Il ne suffit pas de savoir et de pouvoir le faire - vous devez le faire, puis le résultat apparaîtra.

Le livre est structuré comme une formation, les informations sont données exactement dans l'ordre dans lequel elles doivent être lues et mises en œuvre. Par conséquent, veuillez résister à la tentation de sauter directement au chapitre qui décrit la solution à un problème particulier. Pour améliorer le sommeil, vous devez collecter la pyramide entière, et non ses parties individuelles. Et vous devez démarrer toute entreprise avec motivation.

Chapitre 1

Problèmes de sommeil et qu'est-ce qui détermine le succès de leur solution ?

Attentes réalistes

Pourquoi est-ce difficile pour une nouvelle maman de faire face aux problèmes de sommeil de son bébé ? Cela a beaucoup à voir avec ses attentes. Une femme attend un fils ou une fille, va à des cours pour femmes enceintes, à la piscine, au yoga. Elle discute avec ses amies des tests, des médecins, de la maternité, du sexe de l'enfant, de la dot pour le bébé. La future mère est préoccupée par la naissance à venir, la vie après eux lui semble lointaine, irréelle, en rose. Un bébé naîtra, une nouvelle personne merveilleuse, ils le mettront dans ses bras, il s'allongera tranquillement et sourira. Toute la famille, heureuse, pleine de force, ils rentreront à la maison, où tout est prêt pour rencontrer le nouveau-né. Elle mettra le bébé dans le berceau et il dormira toute la nuit.

La future mère, bien sûr, a entendu dire qu'il y a des enfants qui ne dorment pas et ne pleurent pas tout le temps. "Tout le monde ne dort pas, mais nous le serons", pense-t-elle. Elle n'est pas gênée par les histoires de ses amis, combattants expérimentés du sommeil, selon lesquels les enfants dorment différemment : certains - toute la nuit dès la naissance, d'autres - en fonction de l'âge, ce qui signifie qu'ils se réveillent plusieurs fois par nuit, d'autres confondent jour et nuit . De nombreux bébés dorment anxieusement dès la naissance, se réveillent souvent, et c'est une variante de la norme.

Alors le bébé est né. Pendant les deux premières semaines, il fait probablement un excellent rêve - sa mère pense: "Eh bien, je vous l'ai dit, tout le monde ne dort pas, mais je dors." Et puis l'enfant commence à dormir en fonction de son âge : il se réveille plusieurs fois par nuit, reste parfois éveillé la nuit. Pour un nouveau-né, ce comportement est normal : il n'a pas encore formé de rythmes circadiens. Et pour une mère qui comptait sur un sommeil ininterrompu, c'est un choc. Les attentes ne correspondaient pas à la réalité.

Une mère expérimentée aurait fait face à la situation, mais souvent un nouveau-né est le premier enfant que les jeunes parents tiennent dans leurs bras, il ne ressemble pas à un bambin de la publicité, potelé, aux joues roses, allongé tranquillement dans un berceau et souriant . Un vrai nouveau-né ressemble, sonne et se comporte très différemment. Une mère confuse ne sait que faire de lui : comment le nourrir, comment le mettre au lit, comment le calmer s'il pleure ? Et surtout, maman a peur de faire quelque chose de mal, et donc elle croit tous les conseils d'Internet - précisément de l'incertitude, du manque de connaissances et d'expérience.

Les défis auxquels sont confrontés les jeunes parents

De quoi les jeunes parents ont-ils peur ? Surtout, les parents, bien sûr, ont peur de pleurer. Je me souviens quand le premier enfant de mon amie est né, nous l'avons rencontrée à l'hôpital. Tout le monde est arrivé à la maison et la fille nouveau-née s'est mise à pleurer. Quatre adultes tournaient autour de ce petit paquet et ne comprenaient pas quoi faire.

Les nouveaux parents (et leurs amis) paniquent souvent lorsque leur bébé pleure. En fait, pleurer est un langage d'enfant. C'est la seule façon dont l'enfant communique, le bébé parle de cette façon, vous ne devriez donc pas vous inquiéter. Il vaut mieux écouter les pleurs de votre enfant, les étudier, apprendre à déterminer les désirs dès les premiers signaux. Cela ne vient qu'avec l'expérience.

Quand j'ai entendu ma petite fille pleurer, j'ai aussi eu des crises de panique et un sentiment accru de doute. Une jeune mère a tendance à se méfier d'elle-même et de l'intuition de sa mère, alors elle se perd dans l'abondance d'informations contradictoires provenant de nombreuses sources. D'une part, ils crient qu'un durcissement précoce est nécessaire pour que l'enfant grandisse en bonne santé, d'autre part, ils disent qu'un nouveau-né ne peut pas être en surfusion, laissé dans un courant d'air, des bonnets, des mitaines et des chaussettes doivent être portés. À l'hôpital, il est fortement conseillé de compléter le bébé avec du lait maternisé, et les experts en allaitement recommandent le contraire. Et il y a un million de telles contradictions sur chaque question liée à la garde d'enfants. Le sommeil ne fait pas exception. Au début, maman agit sur les conseils du livre du Dr Spock. Ce best-seller pédagogique lui a été offert par sa grand-mère avec de fortes recommandations pour suivre ce qui était écrit. Maman met l'enfant sur un régime strict, essaie de ne pas le prendre dans ses bras, se nourrit à l'heure. Puis elle tombe sur des informations sur la parentalité naturelle, où Spock est anathématisé et explique en détail pourquoi cela devrait être fait différemment. Une mère fatiguée commence à nicher, se nourrit à la demande, annule le régime, ne laisse pas le bébé sortir de ses bras, c'est-à-dire qu'elle fait exactement le contraire. Le pire ennemi d'un bon sommeil se réveille - l'incohérence. Une mère fatiguée commence à nicher, se nourrit à la demande, annule le régime, ne laisse pas le bébé sortir de ses bras, c'est-à-dire qu'elle fait exactement le contraire. Le pire ennemi d'un bon sommeil se réveille - l'incohérence. Une mère fatiguée commence à nicher, se nourrit à la demande, annule le régime, ne laisse pas le bébé sortir de ses bras, c'est-à-dire qu'elle fait exactement le contraire. Le pire ennemi d'un bon sommeil se réveille - l'incohérence.

Incohérence

Il n'y a pas de bonne ou de mauvaise façon d'être parent, pas de bonne ou de mauvaise approche - il y a votre approche pour répondre aux besoins de l'enfant et de toute la famille. À partir de différentes théories sur la parentalité et la garde d'enfants, vous pouvez choisir les conseils qui seront optimaux pour votre famille. Toutes les familles sont différentes et tous les enfants sont différents, il n'y a donc pas de façon universelle et idéale pour chacun d'élever et d'éduquer ses enfants. Dans toute approche, la chose la plus importante est la cohérence, car l'incohérence vous empêche de tirer parti de n'importe quelle méthode. De plus, l'incohérence déroute l'enfant, car la prévisibilité de la vie est très importante pour lui, ce qui est très apaisant. Plus votre vie est routinière, plus vous êtes ennuyeux, mais plus l'enfant est calme.

Alors, de quoi maman a-t-elle besoin au moment où une énorme quantité de conseils contradictoires se déverse sur elle ? Tout d'abord, elle a besoin d'informations fiables, claires et structurées : quoi faire, comment le faire, comment commencer, dans quelle direction aller. De plus, cela ne devrait pas être simplement une théorie du sommeil des enfants, écrite en langage académique sur mille pages, mais des conseils pratiques intégrés dans un système de travail. Je sais que lorsqu'un enfant ne dort pas bien, une mère n'a pas le temps pour les choses obligatoires quotidiennes - prendre une douche, préparer le dîner - et plus encore, il n'y a pas de temps pour lire des encyclopédies.

Que se passe-t-il lorsqu'une femme se précipite d'un extrême à l'autre : soit elle emmaillote, puis elle n'emmaillote pas, puis elle offre une tétine, puis elle la prend, puis elle tète, puis elle ne le fait pas ? Aucune des méthodes ne fonctionne finalement, et la mère est déçue et ne croit plus en elle. Et c'est la pire chose qui puisse arriver, car alors une pensée terrible apparaît dans la tête de la femme : "J'ai tout essayé, j'ai essayé, mais je n'y arrive toujours pas, je suis une mauvaise mère." C'est le deuxième problème auquel la mère aînée est le plus souvent confrontée : le manque de confiance en elle-même et dans le succès de l'une ou l'autre de ses entreprises. Lorsqu'on dit à une mère qu'il est tout à fait possible d'améliorer le sommeil d'un enfant, elle est sincèrement d'accord, sous-entendant que cela est possible pour une voisine, une petite amie, mais pas pour elle. « Je ne peux toujours rien faire », pense-t-elle.

Soutien

En ce moment, maman a vraiment besoin de soutien. Vous avez vraiment besoin de soutien en ce moment, car il y aura des obstacles à l'établissement du sommeil d'un enfant. Vous voudrez sûrement agir de manière incohérente, tout abandonner et commencer à le faire à l'ancienne ou essayer d'autres façons. Lorsque les participants travaillent sur mes formations, ils obtiennent définitivement le soutien de l'ensemble du groupe. Et cet accompagnement est un facteur de succès très important !

"Bien que je ne sois pas fan d'être actif sur les réseaux sociaux, notre groupe est une force !!! Un soutien si

puissant et sincère, avec lequel vous n'avez peur de rien ! À tout moment, les filles et toi, Olga, êtes venues à la rescousse ! Partagez votre expérience et vos connaissances ! Cela aide beaucoup de ne pas s'arrêter à mi-chemin !

Olga, merci beaucoup pour cette opportunité d'ajouter à nouveau des couleurs vives à votre vie !!!! Cette formation n'a pas de prix !!!!

Olga, la mère de Polina, 6 mois

Vous travaillez actuellement seule sur le sommeil de votre bébé. Par conséquent, trouvez au moins une personne proche avec qui vous pouvez parler ouvertement, partager vos peurs, vos inquiétudes et vos insécurités. Sollicitez le soutien de votre mari, mère, sœur, petite amie. Vous avez besoin de quelqu'un pour vous aider à mieux dormir. Avec une approche cohérente et persistante, ce ne sera pas trop long. L'essentiel est d'avoir une personne à côté de vous qui vous inspire confiance en vos propres capacités et foi dans le succès.

S'il y a des critiques dans votre environnement qui remettent en question chacune de vos actions, vous causant de l'insécurité et de l'irritation, essayez d'éviter de communiquer avec eux ou demandez au moins d'être neutre, car vous n'avez pas besoin d'incertitude maintenant. Analysez avec qui des différends et des contradictions peuvent survenir tout en travaillant pour améliorer le sommeil du bébé. Peut-être s'agit-il de votre mari qui, comme sa mère, pense qu'un enfant sans sommeil est normal : il n'a pas non plus dormi jusqu'à l'âge de trois ans, puis l'a dépassé ? Ou est-ce un père qui exige de calmer un bébé qui pleure la nuit de quelque manière que ce soit ?

« Plus important encore, j'ai réalisé que ce n'était un problème que pour moi et l'enfant, puisque notre père pouvait dormir paisiblement pendant que je calmais le bébé

avec mon sein au premier couinement. J'ai réalisé que cela ne devait pas continuer.

Sur le chemin de l'établissement du sommeil, la résistance périodique de l'enfant vous attend, sa protestation contre de nouvelles habitudes et une nouvelle façon de s'allonger, qu'il exprimera par des pleurs, y compris la nuit. Préparez-vous à entendre le mécontentement de votre mari - il doit travailler demain ! Ou les opinions critiques de l'ancienne génération avec des dictons traditionnels : nous n'avons pas fait cela, cela devrait être différent, mais à notre époque... Comment agir dans une telle situation ? Il est préférable de négocier, car interférer avec vos actions dans le processus de travail peut entraîner des incohérences, ce qui affectera certainement le résultat.

Discutez de vos plans avec votre famille dès le début, dites-leur ce que vous avez l'intention de faire, à quoi cela ressemblera, combien de jours chaque étape prendra et approximativement ce qui se passera. Préparez tout le monde à l'avance sur les habitudes que vous devez changer et ce qui en résultera. Si les pleurs de l'enfant empêchent papa de dormir suffisamment, arrangez-vous avec lui pour dormir temporairement dans une autre pièce ou avec des bouchons d'oreilles. Si vous devez reporter l'heure du coucher, prévenez votre mari qu'il ne pourra pas baigner le bébé le soir, comme il le faisait auparavant. Les habitudes de sommeil de votre famille peuvent changer, et il est préférable de les en informer à l'avance.

« Croire que tout est possible. Seulement au but, vous devez aller calmement et obstinément. Il est conseillé de s'armer du soutien total des personnes vivant à proximité. Ne vous précipitez pas et tout ira bien."

Ilona, la mère de Mark, 7 mois

N'ayez pas peur de demander de l'aide et du soutien à vos proches. Mais si quelqu'un ne vous soutient pas dans la décision d'améliorer le sommeil de l'enfant, alors atteignez la neutralité ou la non-ingérence. Vous êtes responsable du bien-être de l'enfant en général et de la qualité de son sommeil en particulier, vous prenez donc des décisions.

Qu'est-ce qui détermine le succès d'un travail sur le sommeil ?

Selon vous, de quoi dépend le succès du travail du sommeil ? À bien des égards, cela dépend de la connaissance, d'informations fiables et clairement structurées. Bien sûr, des compétences. Et enfin, des compétences. Les compétences se transforment en compétences et en habitudes si vous les pratiquez régulièrement. Si vous faites quelque chose de temps en temps, cela n'aura aucun effet, tout comme il n'y aurait aucun effet à visiter la salle de fitness tous les six mois.

Souvent, les mères n'en parlent pas à voix haute, mais pensent : « Tout va mal. Je veux une pilule magique, je veux que tout s'arrange. Je veux juste lire un livre, obtenir une consultation ou suivre une formation, mais ne rien faire.

Devrait vous contrarier : si vous ne changez rien, alors rien ne changera. Avoir des connaissances est très important, car c'est le premier pas vers l'objectif. Mais le plus important est d'appliquer ces connaissances, puis elles se transformeront en compétences, puis en compétences. Tout le monde sait qu'il est bon de faire de l'exercice trois fois par semaine. Mais tout le monde ne va pas au fitness, bien que tout le monde veuille avoir une belle silhouette tonique et une bonne santé. A partir du moment où le sport c'est bien, ni la silhouette ni le bien-être ne s'amélioreront.

Vous avez besoin de cohérence et de pratique régulière. La même séquence est nécessaire dans le travail sur le sommeil de l'enfant.

« Je souhaite à chacun d'être résolu dans son désir d'améliorer sa vie et celle de son enfant. Être cohérent dans vos actions est la clé pour atteindre cet objectif. Et aussi - soyez plus gentil avec vous-même et plus prudent.

Anna, la mère de Mikhail, 1 an et 2 mois

Vous pouvez être paresseux parfois. Ensuite, la persévérance est requise. Et s'il vous semble que vos forces sont à la limite, « une nuit de plus, et je mourrai », vous devrez faire preuve de souplesse. Vous pouvez taper sur une porte fermée et casser quelque chose, ou être flexible et entrer un peu plus tard lorsque la porte est ouverte, ou lorsque vous vous rendez compte qu'elle s'ouvre dans l'autre sens. Tous les enfants sont différents, donc le résultat du travail sur le sommeil dépend non seulement de la constance et de la persévérance de la mère, mais aussi de sa flexibilité.

Le succès du travail sur le sommeil est directement lié aux caractéristiques individuelles de votre enfant. Tous les enfants ont un tempérament différent, une tendance différente à la complaisance, des rythmes de développement différents. L'un acceptera plus facilement les changements, le second sera plus difficile, et dans le troisième, les difficultés de santé affectent le sommeil. Dans ce dernier cas, les causes de nature médicale sont éliminées par un spécialiste spécialisé, et en parallèle avec le médecin, vous travaillez à l'amélioration du sommeil de l'enfant. S'il y a des problèmes de santé, seule la coopération avec un médecin donnera l'effet souhaité.

tempérament et sommeil

Le sommeil et le processus de son établissement dépendent beaucoup du tempérament du bébé. Il existe trois types "complexes" de tempérament. Les parents de ces bébés deviennent le plus souvent des participants à mes formations ou des clients lors de consultations individuelles. Peut-être que votre bébé, si vous lisez ce livre, fait partie de ces types.

Enfants sensibles

Les enfants sensibles (ils sont environ 15 %) non seulement dorment mal, mais acceptent aussi difficilement les innovations, notamment celles liées au sommeil. Les bébés sensibles ont une forte anxiété, une faible capacité d'adaptation et ils ressentent beaucoup plus intensément la peur et d'autres sentiments.

Comment savoir si votre bébé est de type sensible ?

Ma fille n'est qu'une enfant sensible. Certes, je ne l'ai pas compris immédiatement, car je n'avais pas entendu parler de tels enfants pendant son enfance. Ainsi, les enfants sensibles réagissent plus fortement à tous les stimuli externes: ils n'aiment pas la lumière vive, ils ont peur des sons forts, il est difficile de s'adapter à un nouvel environnement, ils s'habituent longtemps aux gens. Ils sont très prudents et prudents, ils ne grimperont jamais là où cela peut potentiellement être dangereux ou là où ils n'ont pas encore mûri. Si les vêtements sont inconfortables ou frottent, ils pleureront jusqu'à ce que vous les enleviez. Ils n'aiment pas tout ce qui est nouveau : les vêtements, la nourriture, les gens, l'environnement, le changement des routines. En même temps, ces enfants se développent intellectuellement et émotionnellement plus rapidement que leurs pairs. Ils commencent à parler, à lire, à compter plus tôt.

Pour les enfants sensibles, le soutien et l'acceptation des parents sont très importants. Lorsqu'ils le reçoivent, ils se sentent plus en confiance et sortent progressivement de leur coquille.

Enfants à réaction

Le type réactif est un enfant du feu ! Ces bébés sont également d'environ 15%. Ce type est opposé à l'enfant sensible dans les manifestations, mais est identique dans l'excitabilité du système nerveux. Dès sa naissance, il déclare haut et fort ses besoins et exige leur satisfaction immédiate. Ces enfants bruyants ne peuvent pas rester assis et s'efforcent toujours d'être le centre de l'attention. Si personne ne les regarde pendant plus de cinq secondes, c'est une tragédie personnelle. Ils aiment le bruit, la lumière, tout ce qui crépite, vibre et gronde ! Ils ne sont pas enclins à montrer un sens de l'auto-préservation : les enfants réactifs seront en premier lieu là où c'est élevé et dangereux. Ils n'ont peur de rien, ils n'écoutent personne. Réagit très fort et activement aux interdictions. Montrent souvent de l'agressivité envers les autres enfants, enlèvent des jouets, les poussent, etc.

Il est très difficile d'endormir un tel bébé, car il est rapidement surexcité et ne peut pas s'endormir. De plus, il est difficile de passer de jeux actifs à des activités calmes. Et dormir pour lui est une perte de temps, car il y a tellement de choses intéressantes autour de lui ! Ces enfants deviennent souvent des «chefs de file» dans les entreprises pour enfants et, à l'avenir, des leaders.

Pour les enfants réactifs, le régime de la journée, un exercice physique adéquat pendant l'éveil actif et une préparation précoce au sommeil sont particulièrement importants.

Enfants irritables

Vous ne le croirez pas, mais il y a aussi environ 15% de ces bébés ! Quand j'ai vu ces données pour la première fois, j'ai compris d'où venait le chiffre "45-50% d'enfants qui dorment mal". Le plus souvent, les bébés au tempérament sensible, réactif ou irritable ont telle ou telle difficulté à dormir !

Les bébés grincheux sont de petits vieux grincheux. Ils n'aiment toujours pas tout, sourient rarement, dorment mal et mangent à contrecœur. Les enfants irritables n'aiment pas attendre, ils sont très capricieux, persistants, ils préfèrent jouer seuls. Les "petits vieux" deviennent des adultes indépendants et capables de défendre leur opinion.

Les parents d'enfants irritables auront besoin de beaucoup, beaucoup, beaucoup de patience et d'observation. Pour qu'un enfant irritable n'« explose » pas, il faut surveiller le degré de son ébullition et essayer d'anticiper une éruption volcanique.

Pour les enfants au tempérament «complexe», la cohérence et la prévisibilité de la vie sont particulièrement importantes. Un bon sommeil est pour eux la clé du bien-être psychologique et physique, et il est beaucoup plus difficile à établir que le sommeil chez les enfants des deux autres types.

Et enfin, deux types de tempérament « léger » : l'enfant ange et l'enfant manuel. Ces enfants n'ont généralement pas de difficulté à dormir si leurs parents écoutent leurs signaux.

bébé ange

Un bébé ange est un bébé souriant. Il s'adapte rapidement à un nouvel environnement, entre facilement en contact avec des étrangers, est facile à communiquer, de bonne humeur, équilibré. Avec un tel bébé, il est facile de partir en vacances dès les premiers mois de vie, il peut dormir n'importe où. J'ai joué et joué et je me suis endormi. Sur les photographies où les bébés dorment par terre, dans les escaliers, sur la chaise haute, ces enfants sont représentés.

Ce sont peut-être ces photos qui trompent de nombreux parents qui s'attendent à ce que l'enfant dorme n'importe où et n'importe quand.

L'enfant ange accepte facilement les changements dans la routine quotidienne, essaie de nouveaux aliments avec plaisir, joue beaucoup tout seul. Ses signaux sont très clairs, de sorte que les parents savent toujours ce que le bébé veut ou a besoin d'aide.

Tutoriel enfant

Pour ces bébés, vous pouvez vérifier les assiettes. Ils ont tout à l'heure et dans les délais : taille, poids, sommeil, dents, crises liées à l'âge. Si ces enfants sont préparés à l'avance aux changements, ils les acceptent rapidement. Calme et équilibré. Si quelque chose les dérange, il est généralement facile pour les parents de comprendre de quoi il s'agit. Ils peuvent jouer longtemps et avec concentration par eux-mêmes. Ils dorment et mangent bien. Il n'y a pas de problèmes avec ces enfants si tout est fait à temps et selon une routine prévisible.

Tous les enfants sont différents et c'est tant mieux. Si nous étions tous exactement pareils, j'ai peur d'imaginer à quel point la vie serait alors ennuyeuse. Alors, aimez et acceptez votre enfant tel qu'il est. Votre tâche n'est pas de le changer, de l'ajuster au cadre extérieur, mais de lui fournir un arrière fiable, un sentiment de confiance et de paix. Et, bien sûr, aider à s'adapter au monde extérieur, en tenant compte de ses caractéristiques individuelles.

Ne créez pas un problème là où il n'y en a pas.

Sans le savoir, les parents paniquent souvent quand c'est complètement inapproprié et créent des problèmes pour eux-mêmes. Pour faire simple, ils les inventent si la réalité ne répond pas à leurs attentes. Par exemple, un enfant dort en fonction de son âge, se réveille 2 à 3 fois par nuit et les parents pensent qu'il doit dormir profondément toute la nuit. Malheureusement ou heureusement, personne ne doit rien à personne. L'enfant surtout. Par conséquent, afin d'avoir des attentes réalistes sur le sommeil des bébés, nous parlerons certainement des normes, des indicateurs moyens, à partir desquels vous pouvez vous appuyer et analyser votre situation.

Un autre exemple. Le bébé s'endort au sein, dort avec vous, se réveille plusieurs fois par nuit, mais vous le nourrissez, presque sans vous réveiller. Tous les membres de la famille dorment suffisamment et cette situation vous convient, ce qui signifie qu'il n'y a pas de problème. Mais si les parents, l'enfant ou les deux ne dorment pas suffisamment à la fois, ou si la situation actuelle ne convient pas à l'un des membres du ménage, alors seulement il est logique de parler du problème.

À quoi sont confrontés les parents d'un bébé qui dort mal ?

Privation de sommeil nocturne

À différents âges, les enfants ont des difficultés différentes. Le plus souvent, les parents se plaignent d'un mauvais sommeil nocturne, de réveils fréquents. Qu'est-ce que les réveils nocturnes fréquents ? Ce sont des réveils plus de trois fois par nuit, lorsque l'enfant, après s'être réveillé, ne peut s'endormir tout seul. Dans de tels cas, j'apprends d'une mère que le bébé est suspendu à sa poitrine toute la nuit : il tète constamment le sein pour s'endormir et l'entretenir. Une autre me dit qu'elle doit bercer l'enfant pour qu'il se rendorme. Une troisième dit qu'elle doit lui donner un biberon de lait maternisé ou une tétine à chaque réveil. Et s'il y a plus de trois de ces réveils, et parfois plus de dix ? Incroyablement dur ! Et cela a un effet extrêmement négatif sur la qualité du sommeil et du repos pour toute la famille, car il est important non seulement la quantité de sommeil, mais aussi la qualité. S'il y a plus de trois réveils par nuit, le sommeil se fragmente et ne permet pas une récupération complète. Maman se réveille épuisée. À propos de la gaieté, de l'énergie, de l'attitude positive et de la fraîcheur après le sommeil est hors de question. Et dans un tel état de demi-sommeil, une femme fatiguée passe toute la journée avec son enfant.

« Les principaux problèmes étaient liés au sommeil nocturne. Ma fille ne s'est endormie que lorsqu'elle avait le mal des transports sur un fitball, sur ses bras ou au niveau de sa poitrine. À chaque passage au lit, elle se réveillait. Je devais soit dormir à côté d'elle toute la nuit, soit guetter son réveil, ce qui ne rendait pas notre sommeil de qualité et fort. Ma fille s'est réveillée toutes les 20 à 40 minutes, nous n'avons pas tous dormi suffisamment. De 20h00 à minuit, soit j'ai bercé ma fille pour l'endormir, soit j'ai été forcée de la regarder dormir.

Tatyana, mère de Maria, 10 mois

Manque de temps libre pendant la journée

Le quotidien d'une mère avec un bébé est un jour continu de marmotte : la même routine tous les jours. Il est particulièrement difficile de supporter un tel régime pour les femmes actives qui, avant d'accoucher, menaient une vie sociale riche. Il y a un mois, une femme enceinte rencontrait des amis, allait au théâtre et au café, peut-être même au travail, quittait la maison tous les jours, et soudain le monde entier s'est réduit à quatre murs. Espace clos, les mêmes gestes jour après jour à la même heure, manque chronique de sommeil, brouillard dans la tête, ça fait peur. C'est le mot "effrayant" que parfois mes clients décrivent leur vie monotone.

Parfois, maman n'a pas le temps de diversifier sa vie quotidienne. Lorsqu'un enfant ne dort pas bien pendant la journée, elle est obligée de le tenir dans ses bras tout le temps de son sommeil, de le bercer constamment dans une poussette ou de le bercer dans ses bras en se balançant sur un fitball. Et en conséquence, tous les rêves de la journée, la mère berce l'enfant ou s'allonge à côté de lui, car sinon le bébé ne dort pas. Certaines femmes qui viennent me consulter ont l'air perdues, fanées et épuisées. Pas étonnant, car parfois ils n'ont même pas le temps de prendre une douche ! Ils n'ont pas le temps de cuisiner, de nettoyer la maison, de prendre soin d'eux-mêmes, ils ont constamment du mal à dormir ou à divertir leurs enfants, inventant de nouveaux jeux toutes les deux minutes, car faute de sommeil, les miettes sont coquines, ne peuvent pas se concentrer sur n'importe quoi et jouer tout seul.

"C'était très difficile pour Paul de le mettre au lit pour un sommeil diurne. Et en général, elle ne s'endormit que sous ses seins, dans ses bras, et à un moment donné uniquement en dansant. Il y a eu une période où Fields dormait à peine pendant la journée. Même s'il était possible d'endormir l'enfant dans ses bras et de le mettre dans le berceau, après 20 minutes, Polya s'est réveillée. L'enfant était de mauvaise humeur en raison d'un manque constant de sommeil.

Olga, maman de Poli, 6 mois

Une mère m'a dit qu'elle avait décidé de consulter parce qu'elle s'était retrouvée debout au-dessus du lit du bébé la nuit. Elle ne se souvenait pas comment elle s'était approchée de lui et s'était endormie debout. "Il m'a semblé que je commençais à devenir folle", se plaint la femme, "j'ai très peur de cela, alors je dois changer quelque chose."

Détérioration des relations dans un couple

Le soir mon mari rentre du travail. Une femme l'attend comme un sauveur: au moins une variété apparaîtra enfin, ses mains seront libérées et elle fera autre chose. La mère fatiguée, avec un soupir de soulagement, met le bébé dans les bras du père. L'homme, bien sûr, est content de voir sa famille, mais il est fatigué pendant la journée et il ne parvient pas non plus à dormir suffisamment. Rentré chez lui, il ne se repose pas. Devant lui se trouve une femme épuisée, nerveuse, pas d'humeur à communiquer, dans ses bras un enfant fatigué s'arrache aux pleurs. C'est une image courante dans les familles où l'enfant et les parents ne dorment pas suffisamment. Toute la soirée, papa essaie d'occuper le bébé, maman essaie de faire au moins quelques affaires. Et maintenant, l'heure X arrive - des "danses" du soir pour le rêve à venir. Ils peuvent durer une heure, une heure et demie, deux heures. Et c'est loin d'être une communication positive entre un homme et une femme, des parents et un enfant, mais un temps d'interminable, complexe,

Le bébé est bercé dans ses bras, nourri, essaie de le mettre dans le berceau, il pleure. Ce cycle se répète encore et encore, tout le monde est déjà si fatigué qu'ils commencent à se crier dessus. L'enfant devient hystérique de fatigue, le mari crie sur sa femme, la femme sur son mari, la situation dans la famille se réchauffe à un point critique ... Et la relation avec l'avènement du bébé a déjà tellement changé . La naissance d'un enfant est non seulement une grande joie, mais aussi un énorme stress pour le couple, une épreuve colossale pour la relation, et les problèmes de sommeil ne font qu'exacerber une situation déjà difficile.

Mettre l'enfant au lit le soir se transforme en cauchemar au lieu d'un passe-temps agréable, ils attendent avec horreur comme punition. Et voilà, après toutes les danses avec les biberons, les tétines, les fitballs, les seins, le bébé s'est enfin endormi ! J'aimerais expirer, mais un enfant surexcité se réveille en 15-20 minutes avec des cris, et encore le mal des transports, le déplacement ... Encore 15-20 minutes de silence, si vous avez de la chance, une heure de repos, et encore une fois. Et ainsi de suite jusqu'au matin. La nuit n'est pas un moment de repos et le soir n'est pas un happy hour de communication familiale. Le matin arrive, papa va travailler, comme en vacances, et maman reste à nouveau dans sa journée marmotte, avec un enfant qui, dès les premières minutes d'éveil, commence à se frotter les yeux.

Souvent, le mari déménage pour vivre dans la pièce voisine parce qu'il a besoin de dormir suffisamment avant de travailler. Cette situation peut bouleverser une femme, elle sent que son mari s'éloigne de plus en plus d'elle. Mais parfois, déménager dans une autre pièce est le seul moyen de se reposer, bien que le cri d'un enfant puisse être entendu n'importe où dans l'appartement, surtout dans un petit. Et même les voisins.

Le manque de temps libre et d'énergie conduit au fait que les conjoints cessent de passer du temps ensemble, de parler de sujets importants et intéressants pour eux-mêmes, et parfois même cessent de demander "comment allez-vous?" Ils ne rêvent plus du côté intime de la vie. Lors de la consultation, une femme m'a dit : "Tu sais, mon mari et moi ne communiquons pratiquement plus, je ne me souviens pas quand nous lui avons parlé ensemble, nous ne partageons que quelques données, j'étais là, j'ai fait quelque chose, mais En fait, tout se passe de la même façon chaque jour. Et on a, en fait, cessé de se comprendre, de s'entendre, et cela a eu un impact très fort sur les relations, on s'est éloigné l'un de l'autre.

Il faut du temps et des efforts pour se remettre ensemble, pour construire des relations. Et pour cela, vous devez d'abord dormir.

Mauvaise humeur et impulsivité

Lorsque nous ne dormons pas suffisamment, nous pouvons nous forcer à être activement éveillés, mais nous ne pouvons certainement pas nous forcer à être positivement éveillés. La privation de sommeil affecte notre humeur. C'est chez un adulte endormi, comme chez un enfant, en dessous de la moyenne: une personne ne veut communiquer avec personne, il lui est difficile de faire quoi que ce soit et d'aller quelque part. Il n'a ni la force ni le temps, mais le pire, c'est quand il n'a pas envie de changer quelque chose pour commencer à vivre d'une nouvelle manière, revenir à son passe-temps favori, faire quelque chose d'intéressant. Les parents épuisés déversent leur irritation non seulement les uns sur les autres, mais aussi sur l'enfant. Ils s'effondrent pour des bagatelles, criant après le bébé pour avoir renversé ou cassé quelque chose, bien qu'ils comprennent avec leur esprit que l'enfant n'est responsable de rien.

Lorsqu'une personne ne dort pas suffisamment, elle n'a pas assez de ressources pour contrôler ses émotions. En conséquence, une mère fatiguée crie sur son enfant déjà irrité, qui s'aggrave encore. Les relations sont enfermées dans un cercle d'irritation, de fatigue, de cris et d'émotions négatives.

« Je n'ai pas dormi pendant plusieurs mois et j'ai commencé à avoir des crises d'agressivité. J'ai eu peur. Je

ne pouvais que rêver de temps libre, car Polina était capricieuse et nerveuse, chaque jour était un chaos complet.

Anastasia, la mère de Polina, 9 mois

Problèmes de santé nouveaux ou qui s'aggravent

Les problèmes de sommeil d'un enfant peuvent affecter négativement la santé des parents. Si une mère berce son bébé plusieurs fois par nuit, son dos, ses bras et ses articulations commencent à lui faire mal. Certaines femmes ne sont pas autorisées à soulever des poids, mais elles sont obligées de le faire parce que leurs enfants ne s'endorment que dans leurs bras. Si le bébé tète au sein toute la nuit, l'allaitement peut devenir douloureux pour la mère. De plus, lorsque le bébé est suspendu à sa poitrine toute la nuit, la mère n'a pas la possibilité de se retourner, de bouger, le matin, le corps s'engourdit et fait mal.

"Après avoir mieux dormi, je me suis de nouveau senti comme un homme, et non comme une vache à lait, obligé de m'allonger sur le côté pendant la moitié de la nuit, serrant périodiquement les dents à cause de la douleur d'un mamelon tourmenté."

Daria, la mère de Miroslava, 9 mois

Maman veut mais ne peut pas finir d'allaiter

Une autre difficulté à laquelle les mères sont confrontées est l'impossibilité d'écourter l'allaitement, car l'enfant ne s'endort qu'au sein. Il semble qu'il n'y ait pas d'autre moyen de l'aider à dormir. Un an, un an et demi, deux ans passent, et la femme continue d'allaiter, car le sein a été la seule véritable arme dans la bataille inégale du sommeil depuis tout ce temps. « Est-ce possible autrement ? elle pense. Bien sûr! Tout est possible, l'essentiel est de commencer à agir.

Comment la privation de sommeil affecte-t-elle un enfant ?

Lorsque le bébé ne dort pas suffisamment, il perd les heures de sommeil vitales dont il a besoin pour son plein développement physique, mental et mental.

Développement intellectuel

Un bébé naît avec le nombre maximum de cellules nerveuses - les neurones, mais le nouveau-né a très peu de connexions entre ces cellules. Ces connexions se forment principalement au cours des trois premières années de la vie. Pour que de nouvelles connaissances soient consolidées, que des connexions neuronales se créent et se renforcent, un enfant a besoin d'un sommeil de qualité. C'est pourquoi, au cours de la première année de vie, les enfants dorment plus qu'ils ne sont éveillés. À l'âge de trois ans, le cerveau d'un enfant fait environ 80 % de la taille du cerveau d'un adulte. Au cours de ces trois premières années, le bébé pose les bases de la santé, de l'intelligence et de diverses compétences. Imaginez maintenant que le bébé ne dort pas au moins une heure par jour. Cela ne semble pas beaucoup, mais c'est 7 heures par semaine, 30 heures par mois, 360 heures ou 15 jours par an. En un an, un enfant ne dort pas assez jusqu'à deux semaines !

Dans un rêve, un autre processus très important se produit - le processus de transfert d'informations de la mémoire à court terme vers la mémoire à long terme. Les parents modernes commencent à marcher avec un bébé de six mois vers des cours de développement. Formidable! Mais lorsque l'enfant ne dort pas suffisamment, les informations offertes au bébé ne sont pas absorbées. De plus, imaginez que l'enfant n'ait pas chargé sa batterie à

100%, et qu'en classe il dépense beaucoup plus d'énergie que lors d'un éveil normal. La batterie s'épuisera plus rapidement, par conséquent, pour développer le bébé et lui apprendre de nouvelles choses, vous devez d'abord améliorer le sommeil.

Développement physique

L'hormone de croissance somatotropine est produite à 80 % pendant le sommeil, principalement dans la première moitié de la nuit, et les enfants qui dorment très peu et mal peuvent présenter un retard de croissance.

Coordination des mouvements

Lorsque le bébé ne dort pas suffisamment, cela affecte la coordination de ses mouvements : il tombe plus souvent, « rassemble les coins », trébuche et se blesse.

Humeur pendant la journée

Dans un rêve, une personne est chargée d'énergie, comme une batterie de téléphone. Si le niveau de charge est maximum, l'appareil fonctionnera longtemps. Si la prise est souvent débranchée ou si le téléphone est chargé pendant une courte période, la batterie ne sera pas complètement chargée. De même, un enfant dans un rêve est rempli d'énergie pour être éveillé. Si le bébé dort peu, se réveille souvent, alors son sommeil est fragmenté et de mauvaise qualité, ce qui signifie qu'il ne peut pas être positivement éveillé : son humeur saute pendant la journée, il pleure souvent, est méchant et fait des crises de colère. Il n'a aucune force pour les sourires, la joie, la recherche, la communication, aucune énergie d'audace pour de nouvelles activités. Tout cela nécessite une force qui ne s'ajoute pas pendant le sommeil.

Immunité

Le sommeil affecte directement la santé de l'enfant. Pendant le sommeil, l'immunité est restaurée, de sorte que les enfants qui dorment très mal ont tendance à tomber malades plus souvent.

Qu'en pensez-vous : qui a besoin du sommeil de l'enfant pour aller mieux en premier lieu ? Qui a le plus besoin d'un sommeil sain dans la famille ? Enfant, maman ou papa ? Bonne réponse : bien sûr, tout le monde.

Quand un enfant ne dort pas assez, c'est mauvais pour lui, pour une mère épuisée, pour un père fatigué, pour la relation entre parents et enfant, et pour l'union conjugale.

Un enfant qui dort mal

1. Peut prendre du retard dans son développement physique et intellectuel.

2. Est de mauvaise humeur, irrité, pleure souvent, est méchant.

3. Son système immunitaire fonctionne moins bien, il peut tomber malade plus souvent.

4. La mémoire et l'attention diminuent, ne peuvent pas se concentrer sur une leçon.

5. Il est moins sociable.

6. Il a une moins bonne coordination des mouvements, tombe souvent, frappe.

7. Moins adaptatif, très difficile à accepter les changements, proteste contre tout ce qui est nouveau.

8. Selon des études récentes, les enfants qui ne dorment pas suffisamment sont beaucoup plus susceptibles d'être obèses.

Parents d'un enfant endormi

1. Ils passent toute la journée dans le brouillard. Très fatigué, irrité, dans un état démuni. Ils ne veulent rien et ne veulent même pas vouloir.

2. Émotionnellement instables, s'en prennent souvent les uns aux autres et à l'enfant.

3. La mémoire et l'attention sont également réduites. Ils travaillent moins bien, font les choses habituelles plus longtemps, tout le monde oublie. Le risque d'avoir un accident en conduisant augmente.

4. Ils n'ont pas de temps libre, tout le temps est consacré à la lutte pour le sommeil.

5. La recherche a montré que les jeunes parents courent un risque significativement plus élevé de dépression s'ils ne dorment pas suffisamment.

6. La santé en souffre. Ils ont froid plus souvent. Le dos et les articulations me font mal à cause du mal des transports. Maman peut avoir des douleurs à la poitrine, les maladies chroniques sont exacerbées.

7. Papa dort dans la chambre d'à côté.

8. Les relations souffrent dans un couple. Il n'y a pas de temps, d'efforts et de ressources pour la communication.

Devoir #1

Dans ce chapitre, j'ai décrit tous les problèmes possibles qui peuvent survenir lorsqu'un bébé ne dort pas bien. Écrivez ici comment le mauvais sommeil vous affecte, votre enfant ou toute la famille. Cela vous aidera à comprendre exactement à quel point votre famille a besoin pour améliorer le sommeil de son enfant.

Comment un mauvais sommeil affecte-t-il mon enfant ?

Comment un mauvais sommeil m'affecte-t-il ?

____

Comment le manque de sommeil affecte-t-il notre famille ?

____

Chapitre 2

Votre jour heureux, ou la motivation est notre tout !

Vos rêves deviendront bientôt réalité

De quoi rêvent maman et papa d'un enfant qui dort mal ? Bien sûr, dors ! Lorsque les parents décrivent leur rêve, ils disent généralement: «Nous voulons mettre le bébé dans le berceau le soir, lui souhaiter bonne nuit, fermer la porte et le laisser s'endormir tout seul et ne pas se réveiller de la nuit. On veut pendant la journée, quand l'enfant dort, aussi pour se détendre ou vaquer à ses occupations.

Les parents rêvent de temps libre et d'heures de communication pour adultes, ils attendent depuis longtemps l'occasion de parler, de regarder un film, de se lancer dans un passe-temps et enfin de lire un livre acheté il y a un an. Les parents veulent vraiment commencer à sortir ensemble parce qu'ils souffrent du séjour interminable entre quatre murs, car avec l'avènement d'un fils ou d'une fille, la vie commence à tourner autour de l'enfant.

En général, il est normal que tout le régime familial soit adapté aux besoins du bébé : il faut rentrer tôt le soir, endormir l'enfant pour le sommeil diurne, réfléchir à l'alimentation, surtout si un voyage est prévu. Mais lorsqu'un enfant dort mal, cette routine quotidienne est complètement imprévisible. Un enfant peut dormir vingt minutes aujourd'hui et deux heures demain, ne pas s'endormir à l'heure convenue et se coucher indéfiniment le soir, de sorte que les parents n'ont pas la possibilité de planifier leur journée et de quitter la maison, ou un voyage commun se termine par l'hystérie et le retour prématuré.

Les parents rêvent au moins parfois le soir de sortir quelque part ensemble, et pour cela il faut impliquer une grand-mère ou une nounou. Mais laisser un bébé qui s'endort uniquement sur sa poitrine ou uniquement avec le mal des transports est impossible avec n'importe qui.

Ainsi, les trois rêves principaux sont de commencer à dormir la nuit, d'avoir du temps libre et de pouvoir laisser l'enfant à quelqu'un pour qu'au moins de temps en temps nous quittions la maison tous les deux.

Que se passe-t-il un jour de semaine typique pour des parents heureux dont l'enfant a enfin commencé à dormir ? Environ ce qui suit. Le bébé ne se réveille pas à 4 heures du matin, mais entre 6 heures et 8 heures, l'heure normale pour réveiller les jeunes enfants, même si cela peut ne pas plaire à de nombreux parents. Il est de bonne humeur, joyeux et joyeux, se comporte le plus souvent calmement, ne pleure pas et ne se frotte pas les yeux immédiatement après les avoir ouverts. L'enfant sourit à ses parents, ils lui sourient. La matinée commence par des moments agréables, papa se met au travail et maman avec son fils ou sa fille se met au travail. L'enfant à cette époque se comporte le plus souvent calmement, son humeur est égale, il n'est pas capricieux et ne pleure pas pour des bagatelles. Maman a la possibilité de faire des tâches ménagères avec l'enfant et de ne pas lui consacrer 10 à 20 minutes lorsqu'il dort.

« Le fils est devenu plus calme, plus gai, il se réveille avec le sourire ! Maintenant, j'ai du temps pour moi (c'est un SPA, et une manucure-pédicure, et une salle de sport !!!), pour mon mari, pour un passe-temps.

Alena, mère d'Alexandre, 11 mois

Un bébé qui se réveille de bonne humeur ne proteste pas, au contraire, il est très intéressé par ce que fait sa mère. Les activités du matin se transforment en une promenade à part entière, qui ne se termine pas en 15 à 20 minutes avec des cris et des pleurs, car le bébé est fatigué et surexcité, mais dure au moins une heure. L'enfant a le temps de jouer sur l'aire de jeux, de monter dans une poussette et de rentrer chez lui heureux. Après le dîner, maman endort le bébé pendant la journée - calmement, rapidement, sans larmes. Elle n'a pas besoin de s'allonger à côté d'elle s'il n'y a pas envie de se reposer. Pendant la sieste, maman a la possibilité de choisir : faire les tâches ménagères, dormir, surfer sur Internet, lire, appeler un ami, inviter quelqu'un ou simplement se détendre et échanger.

Lorsque l'enfant ne dormait pas bien et s'endormait durement, il n'y avait pas un tel choix. L'enfant a choisi pour sa mère. Elle devait faire rouler une poussette, bercer un enfant dans ses bras ou sur un fitball, ou s'allonger tout son sommeil à côté du bébé, et il lui tirait les cheveux, lui tenait le doigt ou lui suçait le sein. Dès que la mère s'est levée, l'enfant s'est réveillé.

Dans une famille où l'enfant dort bien, la soirée est un moment de communication familiale calme, et non des heures de conflits, de cris, de larmes, de fatigue, de dure préparation au sommeil, suivies de lutte. La pensée du rêve à venir ne terrifie plus toute la famille, mais ne provoque qu'un sentiment de calme et de tendresse. Si papa rentre tard du travail, tu n'as plus à l'attendre comme sauveur. Maman elle-même peut baigner le bébé, le nourrir, puis le mettre au lit tout aussi calmement et rapidement, car l'enfant s'endort sans larmes et toute la procédure d'allongement ne prend pas plus d'une demi-heure. Les pleurs et le mal des transports pendant deux heures appartiennent au passé. Maintenant que la ponte a cessé de tendre vers l'infini, il a enfin un certain rythme, une séquence que la mère et l'enfant connaissent. Grâce à cette séquence, tout se passe bien, rapidement, le bébé s'endort assez tôt, à 20h-21h selon l'âge, et non à 11h-12h, les parents ont donc plusieurs heures de libre pour eux. Maintenant, ils peuvent choisir comment passer la soirée.

"Nous avons bien dormi !!!!! Tous !!!!! L'enfant est devenu plus joyeux et gai, maman et papa sont passés de zombies à des gens qui regardent des films le soir et peuvent simplement parler. J'ai pris soin de moi, commencé à apprendre de nouvelles compétences, je prévois de refaire du sport.

Anastasia, la mère de Polina, 9 mois

Le week-end, les parents ont enfin la possibilité de sortir quelque part : ils peuvent faire du shopping avec leur enfant, se promener dans le parc, aller visiter, car ils planifient leur journée. Ils savent comment se construit la routine quotidienne du bébé : à quelle heure il doit se coucher pendant la journée et quand il s'endort la nuit. Ils ont une idée précise du temps qu'il leur faut pour se coucher et s'y préparer, ce qui leur permet de planifier tous leurs déplacements. Dans le même temps, un enfant qui dort suffisamment ne devient pas nerveux, ne pleure pas à cause du moindre inconfort, mais se comporte calmement, s'intéresse au monde extérieur, passe du temps avec sa famille de manière positive et joyeuse. Le soir du week-end après que l'enfant se soit endormi à son heure tardive habituelle, les parents peuvent se consacrer à eux-mêmes. Image parfaite, non ?

Comment devenir le héros de cette histoire ?

Vous avez juste besoin d'endormir votre enfant. Bien sûr, toutes les familles sont différentes et les enfants ne se ressemblent pas. Les bébés ont des tempéraments différents et ont tendance à se calmer, donc tout le processus d'établissement du sommeil d'un enfant dans différentes familles prend son temps : certains parents pourront le faire rapidement, d'autres prendront plus de temps, mais dans tous les cas , le succès dépend de tous les participants à ce processus.

Premièrement, le succès du travail du sommeil dépend de l'enfant lui-même : de son tempérament, de sa capacité à s'adapter et à accepter les changements. Deuxièmement, le résultat est fortement influencé par la mère, à quel point elle agit de manière cohérente, persistante et en même temps flexible.

À titre d'exemples, je donnerai trois cas différents de ma pratique de consultation.

L'un d'eux était peut-être le plus facile. J'ai été approché par une mère de deux enfants, le plus jeune à l'époque avait un an, la fille aînée allait à l'école. Le premier enfant n'a pas dormi avant l'âge de trois ans, alors avec le second, la mère a décidé de ne pas attendre si longtemps le bonheur. Elle n'a pas assez dormi, mais elle a quand même dû emmener sa fille à l'école, l'emmener dans un cercle. La femme a identifié les problèmes suivants :

- le bébé se réveille 6 à 8 fois par nuit ;

- s'endort uniquement sur la poitrine aussi bien le soir qu'à tous les réveils nocturnes (c'est ainsi que cela se passe généralement) ;

- il a une routine quotidienne complètement imprévisible et instable et une transition trop précoce vers un sommeil diurne, ce qui manque clairement à l'enfant, il est donc très méchant et pleure pendant la journée;

- Dans la voiture, il organise des crises de colère régulières. Après la consultation, ma mère a immédiatement commencé à mettre en œuvre le plan. Nous avons commencé par mettre en place une routine quotidienne, en introduisant un coucher précoce, en rétablissant un deuxième sommeil diurne. Après cela, les premières améliorations ont été décrites - l'enfant a commencé à mieux dormir. La routine quotidienne, les rêves diurnes ont un impact énorme sur le sommeil nocturne. Lorsque la famille a compris ce qu'est une bonne routine, à quel point c'est facile si la journée est prévisible, cela a donné aux membres du ménage l'assurance qu'ils étaient sur la bonne voie.

Dans la deuxième étape, nous avons travaillé sur l'endormissement par nous-mêmes. Le bébé ne dormait qu'avec le sein et 6 à 8 fois par nuit, il devait être nourri, pompé et seulement après cela, mis au lit. En essayant de s'endormir toute seule le premier jour, maman a peut-être commis l'erreur la plus courante que presque tout le monde commet: elle était incohérente. Tout d'abord, elle a couché l'enfant selon la méthode, puis est revenue périodiquement à l'ancienne méthode. Nous avons discuté des résultats de la première journée de travail, et même avec un comportement aussi incohérent, les changements n'ont pas tardé à venir - la nuit s'est mieux passée que d'habitude. Les jours suivants, la mère a appliqué très clairement, calmement et systématiquement la technique de s'endormir seule (l'enfant n'a jamais été laissé pleurer seul), et littéralement le troisième jour, le garçon était complètement calme, en 10 minutes,

Bien sûr, je m'y attendais et ma mère a pris cela comme un miracle. Quand les mères demandent conseil ou s'inscrivent à une formation, elles disent parfois que je suis leur dernier espoir, et quand tout va bien, elles avouent qu'elles ne croyaient pas vraiment à leur réussite. Cette famille n'a pas fait exception. Mais la femme a suivi toutes mes recommandations, a agi très clairement, calmement, de manière cohérente, en tenant compte des besoins et des caractéristiques de son enfant. Trois jours plus tard, quand le bébé a enfin commencé à dormir beaucoup mieux, elle m'a écrit que pour la première fois depuis le jour de sa naissance, son bébé avait dormi toute la nuit sans se réveiller. Ce comportement était nouveau pour elle, car la fille aînée n'avait pas dormi normalement jusqu'à l'âge de trois ans, et la plus jeune n'avait pas dormi une seule nuit depuis sa naissance sans se réveiller.

C'était un cas assez simple dans ma pratique, car l'enfant acceptait les changements relativement rapidement et simplement, et la mère finit par se comporter de manière cohérente. Tout le travail sur le rêve a pris environ une semaine. Mais il y a des cas plus difficiles.

Un tel cas difficile de ma pratique de consultation est arrivé à une mère qui n'était plus jeune. Lorsqu'un enfant est attendu depuis longtemps et en retard, de nombreux soucis lui sont souvent associés. Dès la naissance, le bébé dormait mal et peu, bien moins que la norme de son âge. Il a été emmené chez plusieurs neurologues, chez un gastro-entérologue, chez d'autres spécialistes, on lui a prescrit des sédatifs graves, qui ont eu peu d'effet et seulement pendant le traitement. Maman pouvait difficilement faire face à ses devoirs, car plus la femme est jeune, plus elle a de force, et plus elle est âgée, moins elle a de ressources physiques et morales.

Lorsque la femme s'est tournée vers moi pour obtenir de l'aide, l'enfant avait un an, pendant de nombreux mois, le bébé dormait beaucoup moins que la norme quotidienne de son âge, au moins trois heures par jour, il ne dormait pas suffisamment. De plus, le garçon ne s'est endormi qu'avec son sein et a dormi au sein presque toute la nuit. Réveil toutes les 20 à 40 minutes, sommeil très superficiel, dérangeant. Toute la famille était incroyablement fatiguée d'un tel «régime», et le mal des transports s'est ajouté avant la consultation. Le bébé a cessé de s'endormir sur sa poitrine, maintenant il avait aussi besoin d'être bercé dans ses bras. Pendant la journée, le bébé a également dormi au sein pendant 20 à 40 minutes et la mère ne pouvait ni se lever, ni s'éloigner, ni bouger, car le bébé ne pouvait dormir qu'avec elle. Le mal des transports nocturne a fait déborder le vase, car la femme, pour des raisons de santé, ne pouvait pas soulever de poids. Elle a décidé qu'il était temps de changer. Les nuits blanches l'épuisaient émotionnellement, elle n'était plus seulement en colère contre son enfant, mais ressentait une très forte colère envers lui et tombait dans une rage folle. Elle m'a dit qu'elle avait commencé à secouer très fort le bébé la nuit et qu'elle avait peur de lui faire du mal. Finalement, elle a décidé de demander l'aide d'un spécialiste du sommeil afin de retrouver sa tranquillité d'esprit, de ne pas nuire au bébé et de rétablir la paix dans la famille.

Avant de commencer les travaux sur l'endormissement autonome, nous avons établi un régime de jour adapté à l'âge. Nous avons ramené le deuxième sommeil de l'enfant, prolongé le premier et le deuxième sommeil de 20 à 40 minutes à une heure chacun, afin que le bébé dort et récupère. Maman s'est également vu confier la tâche de dormir autant que possible, car travailler avec le sommeil nécessite des ressources physiques et émotionnelles. La femme, malgré son manque de sommeil et sa fatigue accumulés, a tenu bon. Une forte motivation a aidé - elle commençait à avoir peur en pensant à la façon dont le manque de sommeil affecterait son enfant et sa relation avec lui. Finalement, l'enfant a commencé à dormir plus longtemps pendant la journée, a commencé à pleurer moins, son humeur s'est améliorée et la mère, se sentant soulagée, s'est un peu calmée. Elle a cessé de s'en prendre à lui et de lui crier dessus. Un enfant est une personne vivante, et quand nous nous battons avec lui, il se bat avec nous. Et le sommeil n'est pas un combat. Le sommeil apprend. La mère était confrontée à la tâche d'apprendre à l'enfant à bien dormir.

Dans l'étape suivante, nous avons travaillé sur l'endormissement par nous-mêmes. Le deuxième jour de suivre les instructions, la femme m'a écrit: «Le bébé a commencé à pleurer doucement, n'a pas beaucoup protesté, j'ai tout fait selon la méthode pendant sept minutes. Lui-même s'est calmé, a commencé à chanter tranquillement, à discuter, à se lever, à étudier la crèche. Je l'ai allongé encore et encore dans une position de sommeil et après 30 minutes, il a commencé à s'allonger à côté de moi. Au bout de 45 minutes, il s'est endormi tout seul - c'est incroyable.

Pour la première fois de sa vie, l'enfant s'est endormi tout seul et sans larmes. Cela a donné de la force à maman et lui a inculqué la foi en elle-même et dans la méthodologie. Elle s'est assurée que le sommeil d'un enfant peut être amélioré si une approche systématique est utilisée. Cette nuit-là, la première nuit de travail sur la méthode, le bébé s'est réveillé quatre fois au lieu de dix.

Imaginez, l'enfant se réveillait dix fois par nuit, alors qu'il avait besoin d'être nourri et bercé ! Sans surprise, pour cette mère, quatre réveils semblaient déjà être des vacances. Et ces quatre fois où l'enfant s'est endormi sans sein, il s'est avéré que seule la présence de sa mère lui suffisait. Nous avons travaillé un peu plus longtemps et, par conséquent, les réveils ont été réduits à un ou deux par nuit, la routine quotidienne est devenue assez stable et prévisible, l'humeur de l'enfant était plus égale, positive et la mère se sentait beaucoup plus calme.

Au fur et à mesure que le bébé grandissait, nous nous sommes rencontrés plusieurs fois pour discuter de la transition vers une sieste. Il était nécessaire de le faire aussi facilement et confortablement que possible pour la mère et le bébé. J'ai travaillé avec cette famille pendant longtemps, mais c'était un cas vraiment difficile. Cependant, il n'y a pas de situations désespérées - nous avons pu améliorer le sommeil de l'enfant et toute la famille a finalement commencé à dormir suffisamment.

Et le cas le plus intéressant de ma pratique s'est produit avec mon abonné Facebook. J'ai posté des articles sur le sommeil sur ma page sur le réseau social, dans les commentaires de l'un d'eux une femme m'a posé une question, décrivant sa situation. Elle a dit que son enfant d'un an dort deux fois et assez longtemps pendant la journée, alors il se couche après 23 heures le soir. En plus de cela, chaque nuit, le bébé ne dort pas pendant une heure ou deux. Bien sûr, les parents sont très fatigués de cela.

Trop de sieste est la raison la plus courante pour sortir le soir, alors sans plus de questions, j'ai conseillé à ma mère de raccourcir les siestes ou d'éliminer la deuxième sieste. Comme le premier a duré assez longtemps, il était possible de ne le laisser que lui et de mettre l'enfant au lit beaucoup plus tôt. Le lendemain, ma mère m'a écrit que pour la première fois de la nuit, le bébé ne s'était pas réveillé et que le soir, il s'était endormi assez facilement. Plus tard, elle m'a dit qu'en quelques jours seulement, leur routine quotidienne s'était améliorée, que l'enfant avait commencé à se coucher tôt et que les festivités nocturnes avaient cessé.

Six mois plus tard, cette femme est venue me voir pour un baby sleep training afin d'apprendre à son bébé d'un an et demi à dormir tout seul. Le problème était qu'avant d'aller au lit, pour s'endormir, le garçon devait tirer les cheveux de sa mère. Résultat, en 40 minutes, une babylone s'est créée sur la tête de ma mère, qu'il a fallu démêler et peigner longuement. Elle voulait que le bébé arrête de faire ça et s'endorme tout seul. Le lendemain du jour où ma mère a commencé à travailler sur la méthodologie, elle a écrit que tout fonctionnait. L'enfant n'a pas pleuré, s'est endormi très rapidement, ne s'est pas tiré les cheveux - tous les objectifs ont été atteints.

Ce cas indicatif suggère que lorsqu'un enfant calme, positivement adaptatif et une mère très joyeuse, amicale et équilibrée convergent à un moment donné, tout se passe facilement et rapidement.

Comment votre vie changera-t-elle lorsque votre bébé commencera à bien dormir ?

Permettez-moi de vous rappeler que chaque famille a une situation individuelle avec le sommeil, donc le temps qu'il faut pour travailler est également individuel. Pour l'un, le travail prendra une semaine, pour un autre - deux semaines, pour le troisième, les résultats seront perceptibles dans un mois. Mais imaginez comment votre vie, celle de votre fils ou de votre fille et de toute la famille va changer lorsque les problèmes de sommeil disparaîtront enfin.

Tout d'abord, vous commencerez à bien dormir ! Deuxièmement, un enfant bien reposé sourira beaucoup plus souvent, rira joyeusement, pleurera moins et sera rarement capricieux à l'improviste. Bien sûr, l'enfant restera un enfant: il n'arrêtera pas complètement de pleurer et d'agir, mais son humeur deviendra beaucoup plus uniforme et positive, les crises de colère du soir s'arrêteront. De plus, l'enfant commencera à réagir plus facilement aux changements, aux innovations et à s'y adapter plus rapidement.

Le bébé tombera moins malade, car le système immunitaire est restauré dans un rêve. Les enfants qui ne dorment pas assez ont tendance à tomber malades plus souvent que leurs pairs. L'enfant se souviendra mieux des informations, car dans un rêve, de nouvelles informations de la mémoire à court terme passent dans la mémoire à long terme.

Quand ils vont à des cours de développement avec un bébé endormi, l'enfant se fatigue plus vite, il ne reçoit pas de nouvelles informations, ne s'en souvient pas, il ne dépense que ses ressources pour ces cours, devient encore plus excité et fatigué, et son système nerveux est surmené. Par conséquent, pour que les connaissances soient assimilées et que l'enfant perçoive de nouvelles informations, il faut d'abord établir son sommeil, puis s'engager dans le développement.

Quand un enfant dort bien, il grandit - c'est vrai, pas un mythe. En fait, les enfants grandissent dans leur sommeil. La somatotropine, l'hormone du sommeil, est produite principalement pendant le sommeil profond, dans la première moitié de la nuit. Les enfants qui dorment beaucoup moins que la normale peuvent présenter un retard de croissance. Si un enfant dort bien, il se développe mieux physiquement, émotionnellement et intellectuellement.

Un bébé endormi améliorera la coordination des mouvements, il tombera et frappera moins. Un enfant qui manque de sommeil perd sa coordination et est plus susceptible d'être blessé.

L'enfant deviendra plus assidu, pourra se concentrer sur quelque chose. Un enfant qui dort bien n'arrête pas au bout de deux secondes, il peut feuilleter un livre, regarder des photos, jouer aux blocs ou au Lego, il est capable de s'occuper en fonction de son âge. Bien sûr, vous ne devez pas attendre d'un enfant qu'il reste assis pendant des heures et récupère une pyramide s'il n'avait pas auparavant un penchant pour les jeux indépendants. Mais au moins deux secondes se transformeront en une minute, et c'est déjà beaucoup de progrès.

Le bébé cessera de demander des bras à chaque seconde. L'enfant monte constamment dans les bras de ses parents, car en raison du manque de sommeil, il éprouve un malaise émotionnel et physique, et dans ses bras, il veut se calmer. Quand on ne dort pas assez, on a l'impression de ne pas savoir où se mettre et quoi faire de soi. La même chose est vécue par le bébé, seulement il ne peut pas en parler.

Quand il dormira enfin, il aura de l'énergie, de la force et le désir d'apprendre quelque chose de nouveau. C'est ce qu'on appelle l'énergie du courage. Si le bébé marche longtemps avec vous par la main, a peur de le lâcher pour aller seul, alors dans un état joyeux, il commencera à se sentir beaucoup plus confiant. L'énergie de l'audace se réveillera en lui, il ira lui-même, rampera dans les coins non aménagés de l'appartement, explorera de nouvelles choses dont il avait peut-être peur auparavant. À cet égard, vous aurez plus de soucis, car un jour, bébé voudra secouer le contenu de tous les tiroirs de la maison. Mais ce sont encore des corvées plus agréables que le mal des transports constant, portant dans ses bras et cherchant de nouvelles activités pour lui, car lui-même ne peut pas se divertir.

L'enfant commencera à établir des contacts avec d'autres enfants plus facilement, deviendra plus sociable et amical et cessera d'avoir peur des nouvelles personnes. L'enfant, malheureusement, ne peut pas dire ce qu'il veut, car parfois il ne le sait pas lui-même. Mais, lorsqu'un enfant commence à bien dormir, il dispose d'une ressource pour une communication positive avec les autres enfants.

Qu'est-ce qui va changer dans votre vie, la vie des parents qui vont enfin pouvoir coucher leur enfant à l'heure et tôt ? L'enfant n'ira pas au lit à 11-12 heures du soir, mais de 7 à 9 heures du soir. Vous aurez un temps de soirée libre inestimable pour votre propre entreprise. Je me souviens de ce soir où pour la première fois ma fille a dormi sans se réveiller comme avant toutes les 20 minutes ! Mon mari et moi avons regardé le moniteur du babyphone, attendant de nous réveiller, mais cela ne s'est jamais produit ! Pour la première fois, nous avons regardé tout le film sans interruption. Une telle journée où vous pourrez regarder un film le soir, sans être distrait par les pleurs des miettes, viendra avec vous. Vous pouvez tranquillement lire un livre, discuter de votre journée avec votre mari, faire votre passe-temps préféré, parler avec un ami au téléphone,

Une mère a déclaré qu'après que le bébé avait commencé à dormir normalement, elle était revenue à la forme physique, sans laquelle elle ne pouvait pas imaginer sa vie avant la grossesse. Mais à cause de la fatigue et du manque de sommeil, elle n'avait aucune envie de le faire. Lorsque l'enfant a commencé à se coucher tôt, à 20h-21h, elle a repris l'entraînement, car elle pouvait laisser le bébé à son mari. Cette mère est beaucoup plus heureuse.

Vous aussi, vous pourrez enfin faire le soir des choses préférées oubliées depuis longtemps au lieu de mettre votre enfant au lit pendant une période très longue, très tardive, très difficile, très nerveuse. Et vous aurez également des journées libres - ces heures où le bébé dort pendant la journée ! Vous pouvez vous détendre, changer, dormir, vous asseoir sur les réseaux sociaux, nouer ...

Lorsque l'enfant commencera à bien dormir, papa pourra retourner dans la chambre s'il devait déménager dans une autre pièce pour dormir suffisamment avant le travail. Vous retrouverez la force et l'envie de travailler. Vous aurez peut-être même envie de changer de métier, de faire quelque chose d'utile pour vous ou pour la société, mais surtout, des envies apparaîtront tout simplement !

Quand un enfant ne dort pas bien, la pire chose qui puisse arriver aux parents, c'est qu'ils n'ont plus de désirs, les gens tombent dans l'apathie et ne veulent plus rien du tout. Lorsque vous et votre mari commencerez à dormir suffisamment, votre condition physique s'améliorera, votre force et votre bonne humeur vous reviendront. Vous deviendrez beaucoup plus joyeux, plus heureux et, comme votre bébé, vous tomberez moins souvent malade, car la restauration de l'immunité dans le sommeil est également pertinente pour les adultes.

Qu'est-ce qui va changer dans votre relation avec votre enfant ? Vous ne ressentirez plus d'irritation constante et déjà courante. Vous cesserez de vous en prendre à un enfant pour une raison quelconque, vous ressentirez de la tendresse pour lui et ressentirez la joie de la maternité non pas de temps en temps, mais vivrez dans cet état merveilleux. Vos émotions tout à fait ordinaires seront le calme, la joie, la tendresse. Bien sûr, des vagues d'agacement sont parfois possibles, tout comme l'envie d'arrêter ce flot incessant de « pourquoi » enfantins et de rester quelques minutes en silence. Mais vous aurez au moins la force, les ressources émotionnelles, pour gérer votre agacement dans le respect de l'environnement, sans vous en prendre à votre enfant ou à votre mari.

Comment les relations familiales vont-elles changer ? De toute évidence, lorsque vous avez le temps et l'énergie de communiquer avec votre mari, la relation s'améliorera, car une bonne relation est impossible sans communication. Créer une union forte et chaleureuse n'est pas un processus spontané formé par lui-même. Je ne veux pas appeler les relations entre personnes proches du travail, mais néanmoins, une vie de famille heureuse nécessite toujours la participation des deux conjoints, leur apport de ressources temporaires et émotionnelles. Dès que le bébé commencera à dormir paisiblement, vous disposerez de ces ressources, vous pourrez faire face à votre irritation, il y aura donc moins de déchets et de conflits. Tout cela est possible dans les 2-3 semaines suivant le début des travaux d'amélioration du sommeil du bébé.

Imaginez votre journée parfaite. Comment va se passer cette journée pour vous ? J'ai décrit d'autres personnes, en partie moi-même, en partie des cas de ma pratique, créé une sorte de journée familiale idéale collective. Qu'est-ce qui remplira votre journée et votre soirée ? Imaginez-vous, un enfant, un mari. Comment l'humeur et l'état du bébé changeront-ils lorsqu'il commencera à bien dormir? Ceci est votre devoir #2.

Devoir #2

Écrivez une suite de la phrase : quand mon enfant dort bien, il :

1.
2.
3.
4.
5.

Décrivez les changements qui se produiront avec votre fils ou votre fille. Vous devriez obtenir au moins cinq points pertinents spécifiquement pour votre bébé, car vous travaillerez avec son sommeil et non avec le sommeil de l'enfant de quelqu'un d'autre. Tous les enfants sont différents, donc chacun aura ses propres caractéristiques d'humeur, de condition, de comportement.

Ne soyez pas paresseux et écrivez la suite d'une autre phrase:

quand mon enfant dort bien, je (ou nous)

Pensez à la façon dont votre vie avec votre mari ou votre journée personnelle changera si vous arrêtez de passer des heures interminables à mettre votre bébé au lit.

Accrochez des dépliants avec des "articles heureux" à un endroit bien en vue - c'est votre motivation à travailler avec le sommeil d'un enfant, 70% du succès futur.

Exemple:

Quand mon enfant dort bien, il :

1. Il s'avère que ce n'est pas un petit tyran, mais le plus gentil des enfants.

2. Pleurera moins et agira.

3. Peut jouer plus longtemps tout seul.

4. Il sera plus rapide et plus facile d'apprendre quelque chose de nouveau. 5. Tombera malade moins souvent.

Quand mon enfant dort bien, je :

1. Rappelez-vous à quel point je peux être beau quand je ne ressemble pas à un zombie.

2. Je vais au cinéma avec mon mari.

3. Je pourrai faire les tâches ménagères pendant la journée sans hâte. 4. J'appellerai des amis presque perdus.

5. Je mettrai à jour les photos d'il y a un an sur les réseaux sociaux.

Écrivez votre liste sur une feuille de papier et accrochez-la à un endroit bien en vue. Que cet avenir radieux soit votre motivation.

chapitre 3

Nous analysons le point de départ et fixons des objectifs

J'espère donc que vous avez pris la décision d'améliorer le sommeil de votre bébé et que vous commencez à le faire aujourd'hui.

De quoi avez-vous besoin pour travailler efficacement et obtenir des résultats rapides ?

Détermination et confiance

Vous devez prendre une décision ferme, consciente et définitive dont vous avez besoin pour améliorer le sommeil de votre enfant - pour votre propre bien, pour le sien et pour le bien de toute la famille. Vous devez réaliser que vous seul pouvez le faire, et personne d'autre, car le sommeil, la santé et le bien-être de l'enfant sont votre responsabilité. Vous êtes responsable de l'heure à laquelle le bébé se couche, de la façon dont il se prépare à dormir, de la façon dont il mange pendant la journée, de l'activité avec laquelle il passe son temps. Lorsque vous assumez la responsabilité de tous ces points, vous vous rendez compte que personne d'autre que vous ne peut le faire. Cette compréhension donne une motivation puissante, et la motivation est de 70% de réussite. S'il n'y a pas de motivation et de confiance dans le besoin de changement, il y a un risque que votre travail soit incohérent et, par conséquent, inefficace.

Vous pouvez simplement lire le livre et ne rien faire d'autre. Cela n'aidera pas à améliorer le sommeil du bébé, mais au moins vous aurez des informations sur le sommeil du bébé, ce qui est également bon. Cependant, si vous voulez obtenir un résultat - améliorer le sommeil de votre enfant et le vôtre - vous devez agir.

"Si un mauvais sommeil d'un enfant est un problème pour une mère (et j'ai rencontré ceux qui pensent que c'est normal), alors vous devez rassembler vos forces et décider de changer quelque chose. Une attitude déterminée représente 90% du résultat, me semble-t-il.

Si vous sentez votre enfant, alors n'ayez pas peur. Après tout, vous pouvez toujours adapter légèrement la technique en fonction des caractéristiques de votre bébé.

Dasha, la maman de Misha, 8 mois

Motivation et objectif d'image

Pour commencer et rester motivé, créez votre image d'objectif. Imaginez-vous à un moment où l'enfant, grâce à vos efforts, a déjà commencé à bien dormir. Cette image cible ressemble à un clip vidéo. Jouez dans votre esprit un film intitulé "Quand bébé commence à bien dormir". Alors tu le prends dans tes bras, va te coucher. Il est calme, ne pleure pas, vous lui lisez un livre le soir ou effectuez un autre rituel, mettez-le au lit. Imaginez comment vous vous préparez à aller au lit, comment votre fils ou votre fille s'endort et dort la nuit, comment il se réveille et se comporte pendant la journée. Ce clip ne doit pas être long, 30-40 secondes suffisent, mais il doit être très lumineux. Vous devez être clair sur vous-même et votre enfant. Gardez cette image-objectif dans votre esprit tout au long du travail. Je fais très attention à la motivation

Tenir un journal

Assurez-vous de garder un cahier ou un bloc-notes pour les devoirs et la prise de notes. Ou vous pouvez effectuer des tâches sur des pages spécialement désignées du livre.

Pourquoi est-ce nécessaire ? Si vous voulez obtenir un bon résultat et améliorer le sommeil de votre enfant, il vous suffit de tenir des registres, de surveiller la dynamique des améliorations, de suivre les résultats intermédiaires pour ne rien oublier.

Trois semaines de vie mesurée

De quoi d'autres avez-vous besoin? Temps! Prévoyez au moins trois semaines de travail. Il faut changer certaines habitudes : les tiennes, la famille, l'enfant, et cela prend du temps. Pendant ces trois semaines, il n'est pas souhaitable de partir en vacances, de déménager, de changer la situation. Si vous vous préparez à déménager ou si vous partez en vacances, déplacez le travail avec le sommeil de l'enfant vers une période plus stable. Pendant ces trois semaines, essayez de mener une vie calme et mesurée. Il est souhaitable que ce soit routinier, standard, ordinaire, sans nouveaux événements qui excitent l'enfant. Pendant ces trois semaines, n'invitez pas d'amis le soir ou avant la sieste et évitez de vous déplacer pour visiter et dormir à l'extérieur de la maison.

Soutien des proches

Vous aurez besoin du soutien de vos proches, idéalement un mari ou un autre membre de la famille avec qui vous vivez. Si personne dans la maison ne peut vous soutenir dans votre entreprise, demandez de l'aide à un ami ou à des personnes partageant les mêmes idées. Il est important que vous communiquiez avec ceux qui comprennent à quel point il est important d'améliorer le sommeil de l'enfant, qui vous soutiendront tout au long de la période de travail avec le sommeil du bébé. Assurez-vous de discuter de votre plan avec tous les membres du ménage, car les changements d'habitudes peuvent affecter d'autres membres de la famille, pas seulement vous, votre mari et votre enfant. Il est souhaitable qu'ils soient prêts pour cela et ne résistent pas au changement. Si vous ne pouvez pas compter sur le soutien et l'aide de vos proches, mettez-vous au moins d'accord sur le maintien de la neutralité. Ne voulant pas ou incapable d'aider - au moins ne les laissez pas interférer.

« Je pense que la plupart d'entre nous avaient des pères ou des grands-mères qui disaient que ça ne marchait pas, qu'il fallait attendre, etc. Oui, et nous avions nous-mêmes des doutes sur le fait que tout irait bien. MAIS je savais avec certitude que l'enfant dort mal et ce n'est pas bon non seulement pour moi, mais aussi pour l'enfant. De plus, j'ai réalisé que c'était surtout mon problème, puisque mon mari dormait paisiblement à côté de moi quand je sortais le bébé du lit toutes les demi-heures et que je l'allaitais. Si votre mari ne vous croit pas, dites-lui ce qui peut causer un manque de sommeil constant chez un enfant, laissez-le lire plusieurs articles différents, des livres, rendez-vous chez un somnologue. Tout le monde dit la même chose, qu'il n'y a rien de bon à cela. Et la chose la plus intéressante sera après le travail effectué, quand tout le monde verra que l'enfant dort doucement toute la nuit, sera joyeux et joyeux pendant la journée.

Un commentaire d'une des mères travaillant sur la formation en soutien à une mère qui n'est pas soutenue par sa famille.

Attitude intérieure positive

L'enfant ressent l'état et l'humeur des parents, en particulier de la mère. Lorsque vous êtes irrité ou fatigué, inquiet ou effrayé, l'enfant commence immédiatement à refléter vos réactions. Vous pouvez dire au bébé que tout va bien, mais les mots ne signifient absolument rien pour lui : l'enfant lit des informations non verbales. Vous êtes nerveux - l'enfant sera nerveux, vous avez peur - l'enfant aura peur aussi. Avec votre état nerveux, vous envoyez au bébé des signaux « quelque chose ne va pas ». Si vous commencez à travailler avec le sommeil d'un enfant à partir d'un état de peur, d'anxiété, d'insécurité, ces sentiments seront transférés au bébé et, malheureusement, il ne pourra pas accepter les changements et y répondre positivement.

Vous devez diffuser du positif, de la bonne volonté, du calme à l'enfant. Une fois que vous commencez à vous impatienter ou à vous irriter, le processus de travail sur votre sommeil sera retardé et, dans les cas extrêmes, vous n'obtiendrez peut-être pas du tout le résultat souhaité.

Vous devriez être submergé par la confiance que des changements sont nécessaires et vous êtes prêt pour eux, parce que vous êtes une bonne mère (le meilleur papa du monde ou une merveilleuse grand-mère), vous êtes responsable du résultat, vous agissez correctement, et tout se passe comme il se doit. Répétez comme un mantra : "Je suis une bonne maman, tout va bien."

Devoir #3

Je vous rappelle que si vous n'écrivez pas les résultats intermédiaires et ne faites pas vos devoirs, ce livre deviendra pour vous un simple guide d'information sur le sommeil des enfants. Pour avancer vers le but, il faut indiquer le point de départ et encore plus clairement le point final, la direction dans laquelle on avance. En quoi un objectif est-il différent d'un rêve ? Le rêve est abstrait : je veux que l'enfant dorme bien. L'objectif doit être précis, réalisable, visualisable et limité dans le temps.

Assurez-vous de décrire par vous-même la situation actuelle du sommeil selon un certain schéma.

une.Décrire les principaux problèmes de sommeil diurne.

Exemple

- Il faut beaucoup de temps pour dormir pendant la journée. En moyenne, le processus de pose prend 1 heure.

- Pour vous endormir, vous devez d'abord vous nourrir, puis vous bercer dans vos bras pendant 20 minutes.

- S'endort souvent avec des hystériques.

- Se réveille après 40 minutes avec des larmes, il faut se bercer à nouveau pour prolonger le sommeil.

- Ne dort que dans les bras ou au niveau de la poitrine.

Dans ce paragraphe, décrivez en détail tous les problèmes de sommeil diurne en ce moment.

2.Décrivez les troubles du sommeil la nuit.

Exemple

- On se couche très longtemps, on ne peut pas s'endormir pendant une heure, parfois deux heures.

- S'adapte longtemps, s'endort très tard, il n'y a donc pas de temps pour se reposer.

- L'enfant se réveille 6 à 8 fois par nuit.

- S'endort uniquement avec le sein ou uniquement avec le mal des transports.

- Se réveiller très tôt le matin.

- Reste éveillé pendant 1 à 2 heures au milieu de la nuit.

Décrivez tous les problèmes de sommeil que vous avez actuellement.

3.Décrivez le comportement de l'enfant que vous pouvez associer à son mauvais sommeil et à son manque de sommeil.

Exemple

- Immédiatement après son réveil, il commence à se frotter les yeux et à montrer de toute son apparence qu'il n'a pas assez dormi.

- Dans la journée, elle est souvent coquine, pleure beaucoup.

- Trébucher et se cogner constamment.

- Il ne joue pas tout seul.

- Il me semble que les rhumes fréquents sont une conséquence du manque de sommeil.

Tout ce que vous pouvez rapporter au comportement d'un enfant qui dort mal est décrit dans ce paragraphe.

quatre.Décrivez vos problèmes de mauvais sommeil. Pensez-vous que maintenant, dans votre humeur et votre comportement, cela peut être dû au manque de sommeil et à la fatigue.

Exemple

- Je suis souvent énervé.

« Je me sens constamment fatigué et épuisé.

- Je oublie tout.

- Souvent je craque sur l'enfant.

Je n'aime pas que mon mari dorme dans une autre pièce.

Il n'y a pas de temps pour quoi que ce soit, ça me déprime.

- Nous nous disputons souvent avec mon mari, car tout est agaçant. À ce stade, parlez-nous de votre état, des problèmes de votre mari ou de toute la famille.

Avez-vous écrit? Super! Et maintenant, vous devez décrire en détail le point où vous voulez aller. Rappelez-vous votre journée idéale, votre image-objectif.

Maintenant, soyez précis, rendez l'objectif mesurable.

Exemple

L'endormissement dure jusqu'à 20-30 minutes.

- S'endort tout seul, sans mal des transports et se nourrissant pour tous les rêves.

– Les réveils ont été réduits à 1-2 fois par nuit.

- Le matin, il se réveille au plus tôt à 6h00.

- Il dort bien pendant la journée, le sommeil diurne principal est supérieur à une heure.

Gardez à l'esprit que les objectifs doivent être réalistes. Ne vous attendez pas à une bonne nuit de sommeil d'un bébé de trois mois, mais d'un bébé d'un an - une décision indépendante d'aller dormir. Plus vos objectifs sont réalistes, plus ils sont réalisables.

Rappelez-vous que votre objectif final dépend du point de départ. Si votre point de départ est de 10 réveils par nuit et de dormir uniquement sur la poitrine, alors en conséquence, trois réveils par nuit et s'endormir sans sein est déjà un énorme succès. Si le point de départ est trois réveils, alors l'objectif final est différent.

Décrivez aux fins du point final : où vous déménagez ; Comment un enfant dort-il pendant la journée ? comment le déposez-vous; Combien de temps cela prend-il; Comment la qualité et la quantité du sommeil de votre bébé vont-elles changer ? quelle est la durée du sommeil diurne; comment le bébé va dormir la nuit. N'oubliez pas de faire défiler le clip vidéo de votre journée parfaite.

Vos objectifs
Sommeil diurne

____

Sommeil nocturne

____

Trois anneaux de la pyramide

Un rêve d'enfant n'est pas un ensemble disparate de connaissances, de rouages, de techniques, de détails, un rêve d'enfant est un système complexe que l'on peut comparer à une pyramide enfantine de trois anneaux. Et ces trois anneaux doivent être collectés dans un certain ordre. Le plus grand d'abord, puis le moyen, puis le petit. Si vous commencez à collecter la pyramide à partir d'un petit anneau, puis ajoutez-en un grand, et enfin celui du milieu, alors nous n'aurons pas de pyramide, mais quelque chose de complètement différent.

Le premier anneau de base de la pyramide est le rythme ou la routine quotidienne. Le rythme de la journée est l'alternance de périodes de sommeil et d'éveil. Avant l'âge de 10 mois, le nombre de rêves de l'enfant change, la durée du sommeil diurne est instable, on ne peut donc parler que de rythme, et non de régime. En parlant d'enfants de plus de 10 mois, nous utilisons déjà le concept de routine quotidienne : à quelle heure le bébé s'est réveillé le matin, quand il s'est endormi l'après-midi et à quelle heure il se prépare pour une nuit de sommeil.

Le deuxième anneau de la pyramide, non moins important, est des conditions favorables au sommeil, je les appelle les PERLES. Nous allons, comme par un fil, enchaîner les conditions favorables au sommeil et supprimer celles qui gênent.

Qu'est-ce qui est inclus dans des conditions favorables au sommeil? Préparation au sommeil, rituel avant d'aller au lit, température, humidité, fond sonore dans la maison, éclairage, alimentation, activité physique pendant la journée, mode marche, stress émotionnel. Nous parlerons de tout cela plus tard.

Façon de s'endormir

Le sommet de la pyramide, l'anneau le plus haut, est la façon de s'endormir, la façon dont l'enfant s'endort, comment il s'endort et sans laquelle il ne peut pas s'endormir. Pourquoi le troisième anneau est-il si important ? Parce que la raison la plus courante des réveils nocturnes constants est les associations de sommeil qui nécessitent une aide extérieure. Sans cette aide, l'enfant ne peut pas dormir. Le plus souvent, il s'agit de l'allaitement ou du biberon, du mal des transports, d'un mamelon, du tri des cheveux de la mère, d'un contact physique étroit, etc. Il n'y a bien sûr rien de mal dans ces actions elles-mêmes, mais si un enfant s'endort, par exemple, seulement pendant l'alimentation, cela devient son association et cause de fréquents réveils nocturnes.

Comment l'association du sommeil affecte-t-elle les réveils nocturnes ?

Toutes les personnes se réveillent plusieurs fois pendant la nuit entre les cycles de sommeil. Mais, se retrouvant dans des circonstances familières, ils s'endorment et ne se souviennent pas de ces réveils de courte durée le matin. Par conséquent, la bonne question ressemblera plutôt à ceci : pourquoi un bébé, se réveillant la nuit entre les cycles de sommeil, ne peut-il pas s'endormir à nouveau ?

Tout le monde a certaines associations associées au sommeil, quelque chose sans lequel il est difficile de s'endormir. Vous l'avez, peut-être votre lit, votre oreiller préféré, votre mari est à proximité - chacun a quelque chose qui lui est propre. Imaginez maintenant : vous vous êtes endormie dans votre lit, avec votre mari et un oreiller, et vous vous êtes réveillée au milieu de la nuit sur le sol de la cuisine de quelqu'un d'autre. Que ressentirez-vous ? Pouvez-vous dormir à nouveau? Très probablement, vous sauterez d'horreur et courrez pour découvrir ce qui s'est passé.

Nous nous réveillons tous plusieurs fois pendant la nuit, surtout souvent à partir de quatre heures du matin - c'est normal. Notre cerveau analyse l'environnement, et si nous nous réveillons au même endroit, nous nous endormons et continuons à dormir. Le matin on ne se souvient pas de ces réveils. Et si nous nous endormons avec un ensemble d'associations et nous réveillons avec un autre, notre cerveau sonnera l'alarme et nous nous réveillerons immédiatement. La même chose se produit avec un enfant. L'enfant s'est endormi dans les bras de sa mère, il a été bercé ou nourri, et s'est réveillé seul dans le berceau. Cela provoque à peu près les mêmes émotions en lui que de se réveiller par terre dans la maison de quelqu'un d'autre. Pour lui, ce temps de sommeil n'existait pas. Il le comprend ainsi : j'ai fermé les yeux, étant dans les bras de ma mère et avec mon sein dans la bouche, et l'instant d'après je me suis retrouvé seul dans le berceau,

Si l'enfant s'endort tout seul dans les mêmes circonstances dans lesquelles il se trouve la nuit au réveil, alors il pourra continuer à dormir paisiblement. Et ni lui ni vous ne vous souviendrez de ces réveils. Cela peut être formulé comme suit: dans quelles conditions l'enfant s'est endormi - il voudra la même chose à son réveil. Si le bébé s'est endormi avec le sein, après chaque cycle de sommeil, après une heure et demie, il se réveillera et pleurera parce qu'il est dans d'autres conditions. S'il s'est endormi avec le mal des transports, alors toutes les heures et demie, et le matin et plus souvent, le bébé se réveillera et «exigera» le mal des transports pour s'endormir.

S'endormir seul ne signifie pas que l'enfant doit s'endormir seul dans une pièce. S'endormir seul signifie que l'enfant s'endormira dans les mêmes conditions dans lesquelles il se trouve au milieu de la nuit. Si vous dormez dans la même pièce, l'enfant peut s'endormir en votre présence, et celui-ci s'endormira également tout seul. Mais à ce moment, vous n'êtes pas obligé de le bercer, de le nourrir, de le caresser ou de le bercer. Il suffira au bébé, au réveil, de voir que vous êtes à proximité, et sans vous réveiller, de s'endormir paisiblement.

Votre tâche est de remplacer les associations d'endormissement qui nécessitent votre participation directe par des associations qui ne nécessitent pas une telle participation, mais resteront avec l'enfant toute la nuit : un berceau, un jouet préféré, un environnement familier dans la chambre.

S'endormir seul n'est pas tant un objectif qu'un moyen d'améliorer le sommeil d'un enfant. Lorsqu'un bébé peut s'endormir tout seul, le temps pour le mettre au lit est réduit et, surtout, la qualité de son sommeil et le vôtre, bien sûr, s'améliore également.

Nous discuterons d'un schéma de sommeil qui convient à la plupart des enfants. Mais toutes les familles sont différentes et tous les enfants sont différents. Il n'y a pas une seule méthode qui conviendrait à tout le monde. Au début, vous commencerez à travailler selon le schéma standard, quelque chose ira facilement et rapidement, quelque chose sera plus lent. Étant donné que chaque enfant est différent, vous devrez adapter le schéma standard à votre situation de sommeil spécifique. Cela nécessitera un certain effort, mais vous aurez un plan individuel que vous élaborerez au cours de la lecture du livre et vous devrez ensuite travailler avec lui de manière persistante et cohérente.

Recours

Lorsque le sommeil de votre bébé s'améliore, ne pensez pas que toutes les "mauvaises nuits" sont passées. Toujours après l'établissement du sommeil de l'enfant, des régressions se produisent - une détérioration temporaire du sommeil. La régression se produit si l'enfant est malade. Un retour en arrière peut se produire lorsque vous partez en vacances : beaucoup de nouvelles expériences, le fuseau horaire a changé, l'environnement. Les « mauvaises nuits » reviennent pendant un certain temps si le bébé a eu une journée difficile, mouvementée et émotionnelle ou si l'enfant a fait un bond dans son développement physique, intellectuel ou émotionnel. Tout changement dans la vie, la maladie, les sauts de développement liés à l'âge - tout cela aggravera le sommeil pendant un certain temps. Il n'y a rien de mal à cela, cela fait partie de la vie. Une régression ne dure pas éternellement, généralement pas plus d'une semaine si vous y répondez correctement.

Que faire en cas de régression ? Tout d'abord, analysez les raisons qui ont affecté le sommeil. L'enfant tombe-t-il malade, la dent éclate-t-elle, était-ce une journée difficile, le régime s'est-il égaré? Observez votre enfant pendant qu'il commence à apprendre une nouvelle compétence, comme essayer de marcher ou de parler. Ce sont des compétences très importantes qui affectent grandement le sommeil. Quand un enfant se développe, on ne peut que s'en réjouir.

La régression ne vous ramènera pas au point de départ, car vous saurez déjà quoi faire : comment suivre le régime, comment mettre en place des conditions favorables à l'endormissement, comment travailler l'endormissement par vous-même. Mieux vous remonterez la pyramide, plus la régression sera courte. Et chaque prochaine fois, ce sera de plus en plus facile pour vous.

Alors maintenant, si vous n'avez toujours pas écrit vos objectifs et votre point de départ, prenez un stylo et un carnet et notez-les. Commencez dès aujourd'hui à travailler sur le sommeil de votre enfant avec un objectif et une description de la situation actuelle.

Somme moyenne de sommeil par jour

Comment calculer : additionnez la quantité totale de sommeil par nuit pendant trois jours, divisez par le nombre de jours.

Maintenant que vous avez rempli le tableau (l'avez-vous rempli ?), vous devez comparer les données avec l'âge moyen.

Si votre bébé dort un peu plus ou moins que la moyenne, c'est normal. L'essentiel est que les indicateurs ne diffèrent pas trop (plus d'une heure de baisse).

Maintenant, votre tâche consiste à entrer vos données dans le tableau suivant et à les comparer avec la moyenne.

On peut voir à partir de l'exemple que dans le cas décrit, un sommeil diurne ne suffit pas. L'enfant ne reçoit pas au moins 1 heure de sommeil diurne et 1 heure de sommeil nocturne. Ce sont donc les « points faibles » sur lesquels il faut travailler.

Analyser le tableau obtenu
1. Le nombre de siestes est-il adapté à l'âge ?
Pas vraiment

2. De quel type de sommeil le bébé manque-t-il ?

3. Quelle est la différence entre le temps de sommeil quotidien actuel et la moyenne pour cet âge ?

4. La qualité du sommeil en souffre-t-elle (oui, s'il y a plus de trois réveils par nuit).

Toutes nos félicitations! Vous avez fait un travail très important et nécessaire !
Ne vous découragez pas si votre situation de sommeil n'est pas idéale ! Vous lisez ce livre pour arranger les choses. De plus, vous avez déjà commencé à agir ! C'est bien! Continuez dans le même esprit !

Chapitre 4

Le premier anneau de la pyramide du sommeil sain des enfants : apprendre à se coucher à l'heure

Pour mieux comprendre ce que nous faisons et pourquoi, parlons de la façon dont un enfant dort, en quoi consiste son sommeil et ce qui l'influence.

Comment le bébé dort-il ?

Au début, le bébé passe les 2/3 de sa vie à dormir, puis ce temps diminue progressivement, mais tout de même, jusqu'aux années scolaires, l'enfant dort environ une demi-journée. Le sommeil n'est pas un processus monotone, il se compose de 5 à 6 cycles par nuit, chacun comportant deux phases - la phase de sommeil lent et la phase de sommeil rapide. Le sommeil paradoxal est également appelé sommeil à mouvements oculaires rapides, sommeil paradoxal et sommeil paradoxal. Pour avoir une idée de ce à quoi ressemble un cycle de sommeil complet, imaginez-vous en train de descendre les escaliers. En descendant une marche, vous voyez toujours la lumière - c'est le stade de la somnolence, le premier stade du sommeil lent. En approfondissant, vous vous retrouvez dans la deuxième étape du sommeil lent - dans l'étape des "fuseaux de sommeil" - dans un sommeil réel et suffisamment profond. Ensuite, vous atteignez le donjon, où il fait complètement noir et où aucun son ne peut être entendu, et plongez dans un profond sommeil delta.

Arrivé tout en bas, vous commencez à vous élever de la même manière, mais dans l'ordre inverse: les troisième, deuxième et premier stades du sommeil. Vous pouvez déjà voir la lumière, mais vous n'êtes pas encore sorti du donjon, vous ne vous êtes pas réveillé. À ce stade, la phase de sommeil paradoxal commence. Nous pouvons facilement nous réveiller lorsque nous sommes à la sortie du donjon, à l'aller ou au retour, c'est-à-dire au premier ou au deuxième stade du sommeil lent. Ces cycles se répètent plusieurs fois au cours de la nuit.

Les bébés ont un cycle de sommeil moyen de 45 minutes. C'est pourquoi les parents se plaignent le plus souvent de 40 minutes de sommeil : soit le bébé dort 40 minutes pendant la journée, soit il se réveille toutes les 40 à 45 minutes la nuit. Si l'enfant ne sait pas comment connecter les cycles de sommeil, il se réveillera à la fin de chaque cycle. Après deux ans, la durée par cycle de sommeil augmente en moyenne de 90 minutes, comme chez les adultes.

Le cycle de sommeil des nouveau-nés est généralement divisé en deux phases : le sommeil actif et le sommeil réparateur. Le sommeil actif est un précurseur du sommeil paradoxal chez l'adulte, la phase dans laquelle nous rêvons principalement. Le sommeil réparateur est un prototype du sommeil lent chez l'adulte, qui se divise en premier, deuxième et troisième stades. Chez les bébés, le cycle du sommeil commence par le sommeil paradoxal et se termine par un sommeil réparateur, contrairement aux adultes. Jusqu'à 3-4 mois, le sommeil actif ou REM prédomine majoritairement, il représente un peu plus de la moitié du temps total. Beaucoup de bébés dans cette phase de sommeil grimacent, se contractent, crient, mais dorment.

Souffrir ou dormir ?

Les premières questions que je me pose quand j'apprends la naissance d'un bébé : comment s'appelle-t-il et comment dort-il ? Mon amie m'a répondu un jour que son nouveau-né souffrait, mais qu'il dormait. J'ai été surpris:

qu'est-ce que cela signifie - souffre, pourquoi l'enfant souffre-t-il dans un rêve? Il s'est avéré que le tourment est exactement le même tremblement, cri et gémissement. Il est important de comprendre: si un enfant frissonnait ou criait dans un rêve, cela ne signifie pas qu'il s'est réveillé. Vous n'avez pas besoin de courir vers lui, de le ramasser, de le secouer ou de le nourrir. Juste ces actions peuvent l'effrayer et le réveiller complètement. Les enfants dans un rêve peuvent trembler, crier, gémir, sourire ou grimacer - tout est en ordre avec eux, ils ne souffrent pas.

Pourquoi la nature a-t-elle ainsi ordonné que l'enfant dorme principalement dans ce rêve dont il est très facile de se réveiller? C'est un mécanisme de survie. Pendant ces périodes, le bébé dort plus délicatement et se réveille pour signaler son problème : il a faim, il a froid, sa couche est mouillée, il a mis le nez dans quelque chose et il a du mal à respirer, etc. de ces cas, le bébé a besoin d'aide, et il doit signaler son "problème", et pour cela, il doit se réveiller. Mais le sommeil profond chez les jeunes enfants, au contraire, est beaucoup plus fort que chez les adultes. Dans cette phase de sommeil, ils ont un seuil de perception très élevé, ils n'entendent quasiment pas les sons, ne réagissent pas à la lumière, au toucher, aux changements de température. Il est important de noter qu'une vague prononcée de sécrétion d'hormones de croissance se produit principalement pendant les premières heures de sommeil,

Privation de sommeil à quatre mois

Lorsqu'un enfant atteint l'âge de quatre mois, on peut souvent entendre ce qui suit de la part des mères : "Mon enfant semble avoir été remplacé, il a déjà commencé à dormir pendant 5-6 heures sans se réveiller, et se réveille soudainement toutes les heures en pleurant , s'inquiète, ne s'endort pas de la manière habituelle, ce qui s'est passé."

Vers l'âge de quatre mois, la soi-disant régression du sommeil se produit, la régression de quatre mois. A cet âge (plus ou moins un mois et demi), le rythme du sommeil change, l'architecture du sommeil du bébé devient similaire à celle d'un adulte. À partir de ce moment, le cycle de sommeil d'un enfant, comme le sommeil d'un adulte, comprend deux phases - le sommeil non paradoxal et le sommeil paradoxal. Et maintenant, le cycle commence par le sommeil lent, qui est divisé en étapes, et se termine par le sommeil paradoxal. Probablement, ce changement affecte négativement le sommeil de l'enfant.

De plus, à quatre mois, le premier saut significatif dans le développement physique de l'enfant se produit. Les bébés apprennent à se retourner. À l'avenir, chaque saut dans le développement physique, émotionnel ou intellectuel affectera le sommeil d'une manière ou d'une autre, mais la régression de quatre mois est l'une des régressions les plus puissantes et les plus complexes. Le plus souvent, les parents ont tendance à expliquer une telle détérioration du sommeil par des coliques, qui se transforment en douceur en dents. Aux dents, c'est en fait encore loin. Presque tous ceux qui sont venus me voir pour obtenir des conseils sur la façon d'améliorer le sommeil des bébés ont eu une régression de quatre mois. Dans presque tous les questionnaires remplis par les parents, je lis: "Je n'ai pas très bien dormi depuis la naissance, mais à quatre mois tout est devenu très mauvais, en un jour, le bébé semblait avoir été remplacé."

L'effet de la mélatonine sur le sommeil

Que se passe-t-il au bout de quatre mois ? À cet âge, les rythmes circadiens apparaissent - les rythmes quotidiens du sommeil et de l'éveil. La mélatonine, l'hormone du sommeil, a une influence directe sur leur formation. Vous avez sans doute remarqué que dans une pièce sombre vous êtes pris de somnolence, même si la fin de la journée est encore loin. Dans l'obscurité et dans la pénombre, la mélatonine est synthétisée - notre aide précieuse pour allonger les bébés. À partir de quatre mois environ, la mélatonine commence à être produite activement et à influencer les rythmes circadiens, qui se forment précisément grâce à elle à cet âge, on a donc tendance à se coucher tôt.

Pour que l'enfant veuille dormir à l'heure prévue du soir, une heure avant le coucher, il est nécessaire de réduire au minimum l'éclairage dans toute la maison et d'effectuer toutes les procédures de préparation de routine déjà dans des conditions de faible luminosité. De plus, cette heure devrait être très calme. La mélatonine est rapidement détruite à la lumière, donc si vous allumez la lumière pendant une courte période ou si vous emmenez simplement le bébé dans une pièce éclairée pendant quelques minutes, vous devrez à nouveau accumuler de la mélatonine. Il est préférable d'éteindre la veilleuse dès que bébé est dans le berceau, car il est plus difficile de s'endormir à la lumière. Vous connaissez probablement la situation où, en mettant votre enfant au lit, vous mourez d'envie de dormir, mais dès que vous venez dans la cuisine lumineuse pour terminer les tâches ménagères, le rêve disparaît.

La mélatonine est le plus rapidement détruite par la lumière du spectre blanc et bleu, qui est émise par une télévision, un ordinateur, des tablettes, des téléphones. Avant d'aller au lit, il est préférable d'éviter complètement d'interagir avec eux. Des études ont montré que le fait d'être devant un écran d'ordinateur, une tablette ou un téléphone peu avant le coucher a un effet néfaste sur le sommeil des adultes. Si vous voulez vous endormir rapidement, tamisez les lumières et ne vous asseyez pas devant les écrans des gadgets.

La sérotonine est nécessaire à la synthèse de la mélatonine et le tryptophane est nécessaire à la synthèse de la sérotonine. Nous obtenons le tryptophane, un acide aminé, des aliments : des graines de sésame et de citrouille, des noix, des amandes, des cacahuètes, des noix de cajou, du fromage cottage, du fromage, du lait. Le tryptophane se trouve dans les œufs, la viande de dinde, le thon, les bananes, les avocats et le lait maternel. Le tryptophane est également ajouté aux mélanges de lait artificiel. À la lumière, le tryptophane est converti en sérotonine, et dans l'obscurité, la sérotonine est convertie en mélatonine.

En mettant toutes les informations dans un seul diagramme, nous obtenons ce qui suit. Il est nécessaire de manger des aliments contenant du tryptophane et de les donner au bébé, puis de marcher dans la rue pendant la journée et d'éteindre les lumières dans toute la maison une heure avant le coucher. Pourquoi est-ce que je me concentre sur la marche pendant les heures de clarté ? Dans les pays nordiques, il fait noir très tôt la majeure partie de l'année, le ciel est souvent très couvert et les mères vont généralement se promener entre 16 et 17 heures, lorsque le soleil est presque couché. Bien sûr, il y a des avantages à de telles promenades, mais pas pour travailler sur la normalisation du sommeil. Il vaut mieux marcher dehors pendant la journée.

Réflexe de Moro et emmaillotage

Quoi d'autre est important de savoir sur le sommeil de bébé jusqu'à 4-5 mois ? Chez les enfants en bonne santé jusqu'à cet âge, le réflexe de Moro est bien exprimé, on l'appelle aussi le réflexe de sursaut. En réponse à un son inattendu ou à une autre action qui peut effrayer le bébé, comme un passage inattendu des mains au berceau, l'enfant lève les bras et frissonne de partout. Au bout de 4 à 5 mois, ce réflexe commence à s'estomper progressivement et après le cinquième mois, seuls ses composants individuels peuvent être observés.

Le réflexe Moro peut se manifester non seulement pendant l'éveil, mais aussi pendant le sommeil, surtout superficiel. Si, dans un rêve, le bébé frissonne fortement et écarte les bras, il peut se faire peur et le réveiller. Pour éviter que cela ne se produise, vous pouvez emmailloter le bébé. L'emmaillotage tient les bras du bébé, ne lui permet pas de s'effrayer et l'apaise bien. Selon le Dr Harvey Karp, pédiatre américain renommé, professeur, spécialiste du développement de l'enfant et auteur de The Happiest Baby on the Block. Comment calmer les pleurs d'un nouveau-né », le bébé naît immature, contrairement à de nombreux mammifères qui naissent déjà assez développés et avec un gros cerveau. Au cours des 3-4 premiers mois, l'enfant mûrit hors de l'utérus, respectivement, pendant cette période, il est souhaitable de créer les mêmes conditions qui étaient dans l'utérus: étanchéité et bruit blanc.

La sensation d'oppression pour un enfant est très familière, alors en emmaillotant, les enfants se calment. Certains nouveau-nés, au contraire, semblent résister à l'emmaillotage, mais la raison n'est pas que le bébé n'aime pas être emmailloté, mais qu'il est déjà fatigué et veut dormir longtemps, et qu'il commence à peine à être emmailloté. . Ce processus irrite l'enfant et même les parents inexpérimentés retardent très souvent la procédure. Bien sûr, si un bébé fatigué est mis sur le dos et que certaines manipulations sont effectuées pendant dix minutes, il manifestera son mécontentement par un cri. Entraînez-vous à emmailloter à l'avance. Emmaillotez une peluche trente fois, et la trente et unième fois sur un enfant, cela ira plus vite.

Certains enfants n'aiment pas s'allonger dans des couches avec les bras tendus le long du corps. Ils sont beaucoup plus calmes lorsque leurs bras sont pressés contre leur poitrine. De plus, une telle posture est physiologiquement naturelle, car le tonus des muscles fléchisseurs est plus fort que le tonus des muscles extenseurs, c'est-à-dire que les bras et les jambes sont toujours ramenés au corps. Pour emmailloter, vous pouvez utiliser des sacs élastiques spéciaux avec fermetures à glissière, ils vous permettent simplement de tenir les mains du bébé dans une position naturelle sur la poitrine et de ne pas retarder la procédure elle-même.

Beaucoup de parents demandent : quand puis-je arrêter d'emmailloter mon bébé ? Vous devez vous concentrer sur l'enfant, car tous les enfants sont différents. Certains refusent d'emmailloter dès trois mois. Cependant, dans ma pratique, il y avait des cas où un enfant était emmailloté jusqu'à un an, car en emmaillotant, il se sentait beaucoup plus calme et dormait beaucoup mieux. Si cela fonctionne et ne dérange personne, pourquoi pas ?

Comment comprendre que l'enfant est prêt à refuser l'emmaillotage ? Si vous avez emmailloté le bébé et qu'il essaie de toutes ses forces de sortir, s'inquiète non pas d'un jour, mais d'une semaine ou deux, vous pouvez alors arrêter d'emmailloter.

Il existe différentes opinions concernant le moment de la fin de l'emmaillotage. La spécialiste du sommeil des bébés, Gina Ford, recommande de sevrer les bébés de l'emmaillotage à l'âge de deux mois, mais je pense que c'est trop tôt. Tout d'abord, le réflexe Moro est toujours fort. Et deuxièmement, selon le professeur, somnologue américain et spécialiste du sommeil des enfants, Mark Weissbluth, juste à temps depuis huit semaines, les pleurs et l'anxiété des bébés atteignent leur paroxysme. Je ne pense pas qu'il soit nécessaire de priver un enfant d'une méthode de travail d'apaisement si tôt.

associations de sommeil

Au tournant de quatre mois, la façon de s'endormir devient plus pertinente que jamais. La façon de s'endormir est une association pour s'endormir, c'est-à-dire sans laquelle une personne ne peut pas s'endormir, et ce qu'elle associe au fait de s'endormir.

Il n'y a pas de bonne ou de mauvaise façon de mettre un bébé au lit. Le processus d'endormissement est une habitude que les parents forment chez un enfant. Comme l'écrit Mark Weissbluth dans son livre Healthy Sleep, Happy Baby, maman ou papa peuvent toujours mettre le bébé dans le berceau de manière cohérente et persistante alors qu'il est encore éveillé pour lui donner la possibilité de s'endormir tout seul, ou ils peuvent toujours le tenir dans son lit. bras jusqu'à ce qu'il s'endorme complètement.

Il est possible d'introduire une association à l'endormissement chez un enfant dès sa naissance : l'endormir dans un lieu familier et le même environnement, avec le même rituel et avec les mêmes associations qui ne nécessitent pas l'aide d'adultes pour s'endormir. Tout cela devient particulièrement important pendant la période de régression de quatre mois. Ne vous découragez pas si le bébé ne parvient soudainement pas à s'endormir de lui-même dès la première ou même la dixième fois. C'est normal : l'enfant ne doit rien à personne. L'essentiel est de garder à l'esprit la pensée: dans quelles conditions le bébé s'est endormi, il voudra les mêmes conditions à son réveil. Par conséquent, essayez d'introduire de manière persistante et cohérente des associations de sommeil qui aideront l'enfant à passer d'un cycle de sommeil à un autre sans aide : sans alimentation, sans mal des transports,

La principale erreur des parents est que pendant la régression, et seulement dans les premiers mois de la vie du bébé, ils essaient de mettre l'enfant au lit de quelque manière que ce soit: en le nourrissant, en le berçant, en le portant dans ses bras. Parfois, cela est justifié, par exemple si l'enfant est malade ou si vous êtes si fatigué que vous ne pouvez pas agir de manière cohérente et persistante. Mais la crise de l'enfant est terminée, le stade d'anxiété et de nervosité accrues est dépassé et les parents continuent d'agir selon leur schéma habituel, sans même s'en apercevoir. Et souvent ils ne savent pas que leur algorithme de literie est la cause de réveils nocturnes fréquents. Au début, une telle façon de s'endormir, comme par exemple le mal des transports ou le port sur les mains, devient habituelle pour l'enfant, puis, si elle est utilisée tous les jours, elle devient courante et, par conséquent, la seule possible une,

Lorsqu'un enfant se réveille très souvent la nuit et a besoin d'avoir le mal des transports ou de s'alimenter avant de s'endormir, il ne manipule pas les parents. Il ne sert à rien de se mettre en colère et en colère contre le bébé, car cela ne fait qu'aggraver la situation. Malheureusement, pour un enfant, c'est maintenant la seule façon possible de s'endormir, et ce sont les parents qui ont pris une telle habitude, ce qui signifie que les parents devraient la changer. L'habitude est fixée, et la famille reste coincée dans le mal des transports ou l'alimentation horaire pendant de nombreux mois, la mère s'épuise physiquement et émotionnellement et ne comprend pas comment elle s'est retrouvée dans l'abîme du manque de sommeil, de la fatigue et de l'irritation.

Ainsi, il est nécessaire de calmer l'enfant par tous les moyens disponibles, mais pas avant de s'endormir. Si le bébé se calme à cause du mal des transports, vous pouvez le bercer, mais pas avant de s'endormir. Si l'alimentation et le mamelon aident, très bien, mais pas avant de s'endormir. L'enfant doit être éveillé dans le berceau. Il est nécessaire de le détendre dans un état dans lequel il veut vraiment dormir, mais est toujours conscient de lui-même, puis de mettre constamment et systématiquement le bébé à moitié endormi dans le berceau pour qu'il s'endorme tout seul. Dans ce cas, il n'est pas nécessaire de quitter la chambre si vous dormez ici. Votre présence l'apaise, et si, au réveil, il vous voit dormir à côté de lui, rien ne changera pour lui : il s'est endormi et s'est réveillé dans les mêmes conditions. Il ne criera pas et ne pleurera pas, car la situation n'a pas changé.

Si l'association pour s'endormir avec l'aide des parents a déjà été mise en place, elle peut et doit être modifiée. Comment faire cela doucement et progressivement, nous en parlerons dans l'un des chapitres suivants.

Réveils de surexcitation

La deuxième raison courante des réveils nocturnes fréquents est la surexcitation.

Chez les enfants de moins de trois ans, les processus d'excitation du système nerveux prédominent de manière significative sur les processus d'inhibition, de sorte que les bébés s'allument facilement. Si l'enfant n'est pas mis au lit à temps, son système nerveux commence à travailler avec un surmenage. Lorsqu'une certaine ressource allouée à l'éveil se termine et que l'enfant ne dort pas encore, il puise de l'énergie dans les réserves, se fatigue et surexcite. Il est beaucoup plus difficile pour un bébé fatigué, agité et irrité de s'endormir. Même si l'enfant a réussi à se coucher, l'excitation ne lui permet pas de dormir complètement. Le bébé dort plus superficiellement, se réveille plus souvent et se lève plus tôt que d'habitude le matin.

Souvent, ils essaient d'endormir l'enfant immédiatement après les jeux actifs, sans lui donner le temps de se calmer. L'heure optimale du coucher a déjà été manquée, le bébé est surexcité, le carrousel du système nerveux tourne. Que faire?

Tout d'abord, il est nécessaire d'organiser le régime quotidien, en tenant compte du temps d'éveil pour un certain âge, de prévenir les excès et la surexcitation, et de commencer à se préparer au sommeil à l'avance.

L'heure de réveil est le temps entre les sommeils entre le moment où vous vous réveillez et celui où vous vous endormez.c'est-à-dire qu'il s'agit de l'intervalle entre le moment où l'enfant ouvre et ferme les yeux. Le temps de préparation au sommeil et le processus d'endormissement sont également inclus dans la période d'éveil. Différents livres et sites Web fournissent des tableaux d'heures d'éveil pour chaque âge avec différents indicateurs. Je vous propose mon tableau récapitulatif avec le temps d'éveil approximatif pour chaque âge.

signes de fatigue

Les signes de fatigue, ou signes de somnolence, sont individuels chez les enfants. Un bébé est triste, son regard se détache, l'autre bâille et se frotte les yeux, le troisième lui tire les oreilles. Ma fille, quand elle veut dormir, lève les mains et commence à s'ébouriffer les cheveux. Pour comprendre comment votre bébé manifeste de la somnolence, vous devez l'observer et rechercher ses premiers signes de fatigue individuels. Quand un enfant est méchant, pleure, gémit - ce ne sont pas les premiers, mais les derniers signes de fatigue. Dans ce cas, vous devrez agir très rapidement, car en seulement dix minutes, une crise de fatigue peut survenir et il sera très difficile pour l'enfant de s'endormir.

Ainsi, le temps de réveil de votre enfant est le temps qui s'écoule entre le réveil et les premiers signes de fatigue, plus un maximum de 10 à 15 minutes. Il convient de garder à l'esprit qu'à mesure que l'enfant grandit, les signes de fatigue peuvent changer. Et quand le bébé grandit un peu, il peut commencer à cacher son véritable état, car c'est trop intéressant. Lorsqu'il est difficile de reconnaître les signes de fatigue d'un enfant, des tableaux de sommeil et de réveil sont nécessaires comme guide pour commencer à regarder attentivement l'enfant avant la fin de l'heure de réveil "officielle".

Soit dit en passant, le temps d'éveil peut être beaucoup plus court que la norme (le bébé est tombé malade ou fatigué plus rapidement) et changer au cours de la journée. Par exemple, le temps du premier éveil - du réveil au premier sommeil diurne - est souvent plus court que les suivants. En outre, l'enfant se fatiguera plus rapidement et voudra dormir plus tôt si, pour une raison quelconque, son sommeil était inférieur à une heure. Dans ce cas, vous devez être conscient du fait que le bébé devra être mis au lit plus tôt que vous ne le feriez après une journée complète de sommeil.

Le temps de réveil est la durée de vie de la batterie. La batterie s'épuise plus rapidement si nous l'utilisons activement. La "batterie" de l'enfant s'épuisera plus vite s'il a eu une journée chargée pleine d'impressions et d'émotions : nous sommes allés faire du shopping ensemble, des invités sont venus vous voir, vous êtes parti en vacances... La charge se terminera plus tôt que d'habitude si le bébé est malade ou traverse une crise d'âge. Quoi qu'il arrive, il n'y a qu'une seule règle globale : regardez l'enfant, pas l'horloge, les normes tabulaires ne sont qu'une ligne directrice.

Fenêtre pour dormir

Ainsi, dès que le bébé montre des signes de fatigue : bâille, se frotte les yeux, tire ses oreilles ou s'attriste, il faut immédiatement commencer à pondre, car même 15 minutes de retard peuvent être critiques, surtout si la période d'éveil est courte. , une heure et demie à deux heures. Avec l'âge, le délai entre l'apparition des signes de fatigue et la surexcitation va s'allonger. La soi-disant fenêtre de sommeil augmentera également - c'est le moment où il est le plus facile de s'endormir, c'est l'écart entre l'apparition des signes de fatigue et la surexcitation. L'enfant marchait activement, fatigué, bâillait, mais n'était pas encore surexcité. Cette période de temps est la fenêtre pour dormir - un moment favorable pour mettre l'enfant au lit. La durée de la fenêtre de sommeil est individuelle. Pour certains enfants, cette "fatigue correcte" ne dure que 5 minutes : bâille - et n'a pas le temps.

Faux signes de fatigue

De nombreux parents demandent : que faire si le bébé bâille déjà 20 à 30 minutes après son réveil ; faut-il l'installer ? Si ce n'est pas un nouveau-né, alors bien sûr que non ! Si un enfant bâille une demi-heure après avoir dormi, cela ne signifie pas qu'il est prêt à dormir. Il est très important de ne pas confondre signes de fatigue et d'ennui ! Lorsque nous lisons un livre très ennuyeux (espérons-le pas celui-ci) ou que nous regardons un film ennuyeux, nous commençons également à bâiller, même si nous n'avons pas du tout envie de dormir. Une fois, une mère a dit avec tristesse à propos de son bébé: "Il s'ennuie de moi ..." Ne tirez pas de conclusions aussi hâtives! L'enfant ne s'ennuie pas avec vous! Il était fatigué d'une sorte d'activité, ou peut-être que la profession n'a pas été choisie en fonction de son âge. Passez à autre chose et surveillez le bébé.

Si le bâillement s'est arrêté immédiatement et que la fin de l'éveil est encore assez éloignée, alors tout est en ordre, le bébé vient de s'ennuyer. Si l'enfant continue de bâiller lorsqu'il change d'activité, cela peut être le signe d'un manque de sommeil accumulé. Dans ce cas, nous essayons de "dormir" le bébé, en prolongeant le sommeil diurne. Nous réduisons la charge, "économisons la batterie", et augmentons très progressivement le temps d'éveil de 10 à 15 minutes, en le ramenant à la limite inférieure de la norme d'âge. Cela est nécessaire car un temps de réveil trop court peut entraîner un court sommeil ultérieur, puisque l'enfant n'a pas travaillé. Et après un court sommeil, l'enfant voudra à nouveau dormir plus tôt. Ainsi, le cercle peut se refermer.

Nous savons donc maintenant qu'il faut mettre l'enfant au lit à l'heure, sans attendre la surexcitation, car la surexcitation est l'une des causes les plus fréquentes de réveils nocturnes fréquents.

Une erreur courante que commettent de nombreux parents est qu'ils considèrent les pleurs, les caprices ou les crises de colère comme des signes de fatigue, mais ce sont des signes de surmenage.

Préparation au sommeil

Maintenant que vous savez reconnaître les signes de fatigue, vous devez vous préparer au coucher pour que l'heure du coucher soit la plus rapide et la plus agréable possible.

Très souvent, l'enfant s'endort longtemps, il n'est donc pas possible de le mettre au lit dans les délais impartis. Supposons que nous connaissions le moment optimal pour que notre enfant soit éveillé et le moment où il est temps pour lui de dormir. Mais comment faire pour que ça aille plus vite ?

Pour que le processus de ponte ne s'étire pas pendant une durée indéterminée, il est nécessaire de préparer le bébé et sa chambre au lit. Après des jeux actifs, l'enfant doit se calmer, pour cela, passez-le à des jeux calmes.

Le schéma de la période d'éveil ressemble à ceci :
- veille active ;
- veille calme ;
- rituel du coucher
- s'endormir.

Immédiatement après le sommeil, il faut combler les loisirs du bébé avec des activités actives : gymnastique, massages, natation, jeux avec hochets et effets sonores. Lorsqu'il reste 30 à 40 minutes avant la fin de l'éveil, nous commençons à nous préparer au sommeil : nous changeons les jeux actifs pour les calmer, ventilons la pièce, étendons le lit, changeons la couche, nourrissons... Si l'enfant présente déjà des signes de fatigue, et nous passerons encore 20 à 30 minutes à nous préparer, puis nous manquerons un moment favorable pour nous endormir. Le bébé fermera la fenêtre pour dormir et il y aura une surexcitation.

Comment préparer une chambre pour dormir ? La pièce ne doit pas être trop chaude ou trop froide, la température idéale pour dormir est de 19 à 23 degrés, l'humidité est de 45 à 55%. Il est logique d'utiliser des humidificateurs, surtout en hiver, car l'air devient sec à cause du chauffage. Pendant la journée, tamisez l'éclairage en fermant les rideaux. Il n'est pas nécessaire d'atteindre l'obscurité totale, il suffit d'assombrir la pièce pour faciliter l'endormissement du bébé.

Avant d'aller au lit, la préparation commence au moins une heure avant le coucher. Pendant ce temps, il est nécessaire de changer les jeux actifs pour calmer les jeux, baigner l'enfant (si le bain amuse et promène le bébé, il vaut mieux le passer plus tôt, pendant l'éveil actif), nourrir, changer de vêtements et le faire avant les premiers signes de fatigue. Dès que l'enfant commence à nous signaler qu'il est fatigué, on passe au rituel.

Rituel avant de se coucher

Un rituel est de 10 à 15 minutes avant d'aller au lit, rempli d'actions dans un certain ordre. Si pendant l'éveil calme, il y avait des activités apaisantes dans n'importe quelle séquence, alors dans le rituel, il est important que les mêmes actions soient répétées jour après jour l'une après l'autre. Grâce à cela, l'enfant s'habituera rapidement au fait qu'après que sa mère ait mis son pyjama, lu un livre, chanté une certaine chanson, rien de plus que le sommeil ne se produira. Le rituel marque le sommeil, y prépare le bébé et rend la transition de l'éveil au repos graduelle.

Critères rituels
- Fait juste avant de se coucher.
- Cela prend 10-15 minutes dans le temps.
- Ça calme, c'est-à-dire qu'on n'inclut pas le concours "Qui va ramper plus vite sous le lit" dans le rituel.
- Marque le sommeil, c'est-à-dire que vous effectuez toujours ces actions avant d'aller vous coucher dans le même ordre.
- Sature d'attention, c'est-à-dire que le parent qui dirige le rituel ne le fait pas avec désinvolture, mais est pleinement impliqué dans le processus.

Il existe plusieurs types de rituels. Il n'y a pas de bien ou de mal. Le plus important est que ces activités répondent aux critères, soient réalisées tous les jours et, bien sûr, que l'enfant et vous l'aimiez.

Maintenant, votre tâche est de penser et d'écrire vos rituels pour le sommeil diurne et nocturne. Vous pouvez choisir des actions dans la liste ou inclure quelque chose qui vous est propre. Il est également important que le rituel ait un début et une fin clairs, par exemple, au début, vous allumez la veilleuse et à la fin, vous l'éteignez.

Votre rituel de sieste

1.
2.
3.
4.
5.

Votre rituel du sommeil

1.
2.
3.
4.
5.

Notez vos actions dans le rituel. Effectuez ce rituel avant chaque sommeil diurne et nocturne. Les rituels pour le sommeil diurne et nocturne peuvent différer légèrement. L'essentiel est que tous ceux qui mettent l'enfant au lit fassent les mêmes actions avant d'aller au lit.

Alimentation et sommeil

Quoi d'autre affecte les réveils nocturnes? Beaucoup pensent qu'un enfant, en particulier un nourrisson, se réveille la nuit à cause de la faim. Il existe différentes opinions sur la faim nocturne et l'alimentation. Certains experts estiment qu'un enfant de moins de six mois a parfaitement le droit de manger plusieurs fois par nuit, car le volume de son estomac n'est pas assez important. De plus, si le bébé est allaité (et que le lait maternel est digéré assez rapidement, bien plus vite que le lait maternisé), il peut se réveiller toutes les deux à trois heures pour manger. D'autres experts, comme Gina Ford, sont convaincus que le bébé ne devrait pas se réveiller plus de deux fois par nuit à l'âge d'un mois et qu'à six mois, les tétées nocturnes devraient complètement cesser. La plupart des pédiatres russes disent que les tétées nocturnes jusqu'à six mois sont vraiment nécessaires,

Je pense que si un enfant mange bien pendant la journée et prend du poids, les tétées nocturnes devraient dans tous les cas être moins fréquentes que celles diurnes. Si tout se passe dans l'autre sens, alors un cercle vicieux peut se produire. Le bébé se réveille assez souvent la nuit et les parents lui proposent des seins ou du lait maternisé pour l'endormir. L'enfant mange pendant la nuit et mange peu pendant la journée, et lorsqu'il essaie de réduire les tétées nocturnes, il proteste fortement, car il a très faim. En conséquence, pour établir une nuit de sommeil, il est nécessaire de mettre en place un régime alimentaire. La règle la plus importante: l'enfant doit manger plus pendant la journée que la nuit et, dans tous les cas, les tétées de jour doivent avoir lieu plus souvent que celles de nuit.

Terreurs nocturnes et cauchemars

Qu'est-ce qui peut encore réveiller un enfant la nuit ? Bien sûr, des peurs nocturnes et des cauchemars. Ils apparaissent chez les enfants le plus souvent après 1,5 à 2 ans, et ce sont deux phénomènes complètement différents. Un cauchemar est un rêve terrible dont le bébé s'est réveillé en pleurant. En règle générale, les cauchemars se produisent dans la seconde moitié de la nuit, plus près du matin. Le critère principal d'un cauchemar est qu'au réveil, l'enfant se rend compte qu'il s'est réveillé et, se réveillant, parle même parfois de son rêve. Après un tel réveil, le bébé peut se calmer et se rendormir. Plus important encore, il répond à la sédation. Tout le monde fait parfois des cauchemars, c'est normal. La situation doit être analysée et des mesures prises s'ils sont trop souvent hantés ou si le cauchemar se reproduit.

Une image complètement différente avec des peurs nocturnes. Le plus souvent, les terreurs nocturnes surviennent dans la première moitié de la nuit. L'enfant peut sauter, tandis que ses yeux sont ouverts, et son regard est vide et inconscient. Il crie et pleure, mais ne répond pas à vos actions apaisantes. Le phénomène des peurs nocturnes est que le bébé dort en ce moment. Si vous regardez son électroencéphalogramme, cela montrera qu'il est en sommeil profond : son cerveau est endormi, mais son corps est éveillé. Comment aider le bébé en ce moment?

Tout d'abord, assurez-vous qu'il est en sécurité, car il est hors de contrôle. En règle générale, une attaque de peur nocturne ne dure pas trop longtemps, il est plus terrible de la regarder que d'y être, car le bébé dort et n'est pas conscient de lui-même, il n'a pas peur. Si l'attaque ne s'arrête pas en quelques minutes, l'enfant peut être récupéré, emmené dans une autre pièce, de préférence plus fraîche, lavé à l'eau froide et aidé à passer d'un stade de sommeil profond à un stade plus superficiel. Quand il se réveille, vous pouvez le calmer et le rendormir.

Il est très important le matin de ne pas se concentrer sur ce qui s'est passé. Comment vous sentirez-vous s'ils commencent soudainement à vous dire que vous avez sauté la nuit, couru dans la pièce avec des yeux exorbités et vous êtes comporté de manière étrange ? Vous serez au moins gêné par ce qui s'est passé. La même chose se produit avec un enfant. Si on raconte à un bébé de deux ans ce qui lui est arrivé la nuit, il aura peur de s'endormir, s'attendant à ce que la situation se répète. Ne concentrez pas l'attention de l'enfant sur l'incident, analysez simplement les composantes émotionnelles de la journée et rendez la situation plus calme.

Souvent, les enfants font des rêves effrayants et effrayants après avoir regardé des dessins animés, des films ou des reportages agressifs que le bébé n'aurait pas dû voir. Des rêves terribles peuvent être provoqués par une situation dysfonctionnelle et tendue dans la famille en ce moment. Moins il y a d'émotions, de facteurs excitants et d'événements effrayants pendant la journée, moins un enfant voit de dessins animés, d'émissions ou de films effrayants, plus il dort paisiblement.

Lit douillet pour bébé

Les parents posent beaucoup de questions non seulement sur la façon de dormir, mais aussi sur l'endroit où dormir. L'organisation d'un lit est une cause fréquente de disputes entre partisans d'approches différentes. Où, en général, un enfant peut-il dormir, que choisir? Le bébé peut dormir dans son propre berceau dans une pièce séparée ou dans la chambre des parents. Son lit peut se tenir près du lit de ses parents. Le côté peut être relevé ou abaissé. Dans le second cas, le lit ressemble à une roulotte et s'inscrit dans la continuité du lieu de couchage des adultes. Enfin, l'enfant peut dormir dans le même lit que les parents.

Le pédiatre américain de renom, le Dr Sire, et le spécialiste du co-sommeil, le Dr McKenna, affirment que le co-sommeil est bon pour le bébé, qu'il réduit le risque de mort subite au lit, renforce le lien émotionnel entre lui et les parents et améliore la qualité de vie. sommeil pour l'enfant et les parents.

Une autre opinion est partagée par Gina Ford et le Dr Weissbluth. Ils croient que l'enfant devrait avoir son propre lieu de couchage, dormir dans le même lit n'est pas sûr, le sommeil devient plus dérangeant pour l'enfant et les parents, des associations incorrectes avec le sommeil se forment et, en général, le bébé doit dormir séparément.

Je pense que la meilleure approche est celle qui convient le mieux à votre famille. Il n'y a pas de bonne ou de mauvaise façon d'organiser un lit. Le plus important est qu'il soit confortable pour tout le monde et que tout le monde dorme bien. Chaque façon d'organiser un lit a des avantages et des inconvénients.

Dormir dans le même lit est une excellente option si elle est choisie consciemment et convient aux parents. Mais souvent, à en juger par l'expérience des personnes cherchant des conseils pour améliorer le sommeil des enfants, le co-sommeil est plutôt un choix sans choix, une mesure forcée. Lorsque les parents sont incapables de se lever, de prendre leur bébé dans leurs bras, de le nourrir ou de le bercer dix fois par nuit, il leur est plus facile d'emmener le bébé dans leur lit. Si tout le monde est satisfait, il n'y a pas de problème. Et dans un rêve commun avec son organisation sûre, vous ne pouvez voir que des avantages.

S'il s'agit d'une mesure forcée, de quels problèmes les parents parlent-ils le plus souvent ? Tout d'abord, à propos de l'encombrement et du manque d'espace, c'est pourquoi papa se déplace souvent pour dormir dans une autre pièce. Deuxièmement, la mère a peur de bouger, de se retourner, car l'enfant se réveille immédiatement, son corps s'engourdit, elle se lève brisée et fatiguée. Troisièmement, l'enfant et la mère peuvent se réveiller avec leurs mouvements, le sommeil devient plus dérangeant. Quatrièmement, de nombreuses mères ont peur que l'enfant tombe du lit, même s'il y a une sorte de côté, alors elles dorment anxieusement et superficiellement.

Quels sont les inconvénients de faire dormir un bébé dans un lit séparé ? Si le bébé a besoin d'être nourri la nuit, il devra alors se lever, le prendre, le nourrir, le remettre, lorsqu'il est décalé, il peut se réveiller. S'il y a beaucoup de tels épisodes, toute la famille ne dort pas assez.

Jusqu'à six mois, il est recommandé de dormir avec le bébé dans la même chambre, cela réduit considérablement le risque de mort subite des nouveau-nés. Transférer un fils ou une fille dans une pièce séparée, à mon avis, n'a de sens que lorsque le bébé et toute la famille sont vraiment prêts pour cela. Dans notre pays, il est de coutume de «réinstaller» les enfants après deux à deux ans et demi, mais dans différentes familles, cela peut être différent.

À mon avis, le moyen idéal d'organiser un lit pour les bébés qui dorment encore dans la chambre avec leurs parents est un lit avec une remorque : la barrière latérale est retirée du berceau et le berceau est poussé près du lit des parents. Ce type de lit est aussi appelé co-sleeping. Le professeur James McKenna, expert en co-sommeil, écrit que le co-sommeil ne consiste pas seulement à dormir dans un lit familial. Le co-sommeil est également considéré comme une telle organisation d'un lit dans lequel vous pouvez atteindre l'enfant avec votre main. Si un berceau avec ou sans barrière latérale est poussé près de votre lit, il s'agit également d'un co-sommeil.

"Lit avec remorque" - la barrière latérale du berceau est retirée, le berceau est rapproché du lit adulte.

Dans quelle mesure cette façon d'organiser un lit est-elle pratique ? Tout d'abord, chacun a son propre espace. De plus, l'enfant s'habitue au fait que le berceau est son endroit pour dormir. Elle devient son association pour s'endormir, il a la capacité de tourner, de tourner et de ne gêner personne. Les parents, étant dans leur lit, peuvent se retourner d'un côté à l'autre, bouger et ne pas avoir peur de réveiller le bébé. Ils sont calmes que l'enfant ne tombera pas, car il y a des pare-chocs d'un côté et maman ou papa de l'autre. Si le bébé est nourri la nuit, la mère peut bouger, le nourrir et s'éloigner, elle n'a pas besoin de se lever. Si quelque chose a alarmé le bébé la nuit, il suffit de mettre la main sur l'enfant et de le calmer.

La méthode est presque parfaite, je ne vois pas d'inconvénients, l'essentiel est de faire en sorte qu'une telle articulation dorme en toute sécurité. Le berceau, s'il n'a pas de côté, doit se tenir près du lit des parents et être bien fixé. Elle ne doit en aucun cas s'éloigner. Vous pouvez fixer le berceau au mur, le fixer avec des pinces spéciales au lit des adultes ou le soutenir. Il est nécessaire de s'assurer qu'il n'y a pas de fissures et d'espaces entre le matelas de l'enfant et le lit de l'adulte. S'il y a un espace, il doit être bien posé, bien, pour que l'enfant n'y tombe pas la nuit ou ne se coince dans aucune partie du corps.

J'ai doublé cet espace avec un côté doux du berceau. Ces pare-chocs sont situés à l'intérieur du berceau et couvrent ses parois solides du bébé. Puisqu'un mur a été supprimé, un côté libre est resté. Je l'ai plié en deux dans le sens de la longueur et j'ai laissé un espace entre les matelas enfant et adulte. Ensuite, j'ai fixé ce rouleau avec des cordes, je l'ai attaché au berceau pour qu'il ne s'égare pas, ne tombe pas et ne saute pas.

Avec cette méthode d'organisation d'un lit, si l'enfant est seul dans la chambre pendant un certain temps, je recommande également de se procurer un babyphone vidéo pour surveiller le bébé. Alors que le bébé ne sait toujours pas descendre du lit tout seul, mais qu'en même temps il rampe déjà bien, il est impératif de surveiller ce qui se passe sur le lit, car le bébé peut, au réveil, ramper de son lit à un adulte, rampe jusqu'au bord et tombe. Alors qu'as-tu déjà fait :

1. Fixez-vous des objectifs et travaillez sur la motivation.

2. Analysez votre situation de sommeil.

3. Connaissez la durée d'éveil de votre enfant et apprenez à reconnaître ses premiers signes de fatigue.

4. Ils ont inventé et introduit un rituel avant d'aller au lit.

5. Analyser la chaîne de production de mélatonine.

6. Associations identifiées pour l'endormissement, sans lesquelles le bébé ne peut pas s'endormir.

Super! Tu as fais un bon travail! Mais nous avons encore beaucoup de travail devant nous !

Comment construire un rythme ou un horaire flexible pour la journée d'un enfant, selon son âge ?

1. Nous regardons ces comprimés avec le temps d'éveil ou déterminons la WB de notre enfant par des signes de fatigue.

2. Nous découvrons: combien de temps un enfant "devrait" dormir à différents âges selon le tableau de la tâche d'analyse de la situation.

3. Nous tenons compte du fait qu'il est préférable de pondre la nuit de 19 à 21 heures. Quelqu'un demandera : pourquoi si tôt ? Surtout si la famille a déjà l'habitude de coucher l'enfant à 22-23-00, etc. Pourquoi l'enfant a-t-il besoin de se coucher tôt ?

• Avant 1 h du matin, le cycle du sommeil est dominé par le sommeil delta, le plus fort et le plus réparateur. Plus une personne se couche tôt, plus elle dort. Surtout pendant le sommeil profond, l'hormone de croissance somatotropine est produite.

• Avant 21 heures pour un enfant se coucher est très physiologique, c'est dicté par ses biorythmes. Le soir, la fatigue s'accumule, si on ne s'y met pas tôt, on a un carrousel jusqu'à 12h du soir et un très mauvais sommeil et un lever matinal. Le matin, le bébé n'a pas assez dormi et toute la journée a mal tourné.

• Vous libérez du temps en soirée pour communiquer avec votre mari, vos enfants plus âgés, pour vos affaires, vos loisirs, vos loisirs, etc., et cela n'a pas de prix.

4. Veuillez noter que les données tabulaires ne sont qu'une indication ! La chose la plus importante est l'humeur positive et uniforme du bébé pendant la journée.

5. Soyez flexible. Si le sommeil était plus court, la journée plus intense, et que l'enfant se fatiguait plus vite, on n'attend pas l'heure habituelle du coucher, mais on se couche dès les premiers signes de fatigue.

A quoi ressemblera le rythme (mode) de la journée à 6, 12 et 18 mois

6 mois
Montée - 7h00
1. dormir - 9h00-10h30
2. dormir - 13:00–14:30
Z. sommeil - 17:00–17:40
Nuit – 20h00

12 mois
Montée - 7h00
1 rêve - 10h30-12h00
2 rêves – 16:00–17:00
Nuit – 21h00

1,5 ans
Montée - 7h00
Sommeil diurne - 12h00-14h00
Nuit – 20h00

Concentrez-vous sur les besoins et les capacités de votre bébé, couchez-vous à l'heure et que le rêve soit avec vous !

Chapitre 5

Collecter des perles de parentalité positive

Passons au deuxième anneau important de la pyramide du sommeil sain des enfants - aux conditions favorables au sommeil (BEAS). Vérifions chaque perle.

Environnement

La pièce ne doit être ni froide ni chaude, la température idéale est de 19 à 23 degrés, l'humidité est de 45 à 55%. Si l'air de la pièce est trop sec, l'enfant a soif, sa membrane muqueuse s'assèche et gonfle, ce qui rend la respiration difficile. La pièce avant d'aller au lit doit être bien ventilée, dans une pièce étouffante, il est toujours plus difficile pour l'enfant et les adultes de dormir.

Nous prêtons attention à l'éclairage : 20 minutes avant de dormir le jour, tamisez les lumières, tirez les rideaux et une heure avant de dormir la nuit, baissez la lumière au minimum. Dès que l'enfant est au lit, on éteint la veilleuse, on souffle les bougies... Plus la chambre est sombre pendant le sommeil, mieux c'est, car même une petite bande de lumière peut réveiller le bébé tôt le matin lorsqu'il est dans les stades superficiels du sommeil.

L'une des perles des conditions favorables au sommeil peut être le bruit blanc. Le bruit blanc est le bruit de l'eau, du vent, d'un ventilateur, etc. Cela aidera l'enfant à se calmer, à atténuer les sons extérieurs si l'enfant dort déjà, mais que la famille ne l'est pas encore. Le bruit blanc masque les sons durs qui peuvent réveiller votre bébé et vous aider à mieux dormir. Il existe des générateurs de bruit blanc et des programmes spéciaux pour les gadgets.

Dans la pièce où dort un enfant, surtout un très petit, il est nécessaire d'effectuer régulièrement un nettoyage humide, car la poussière peut provoquer un gonflement des muqueuses et altérer considérablement le sommeil. A côté de la crèche, et dans tout l'appartement il est conseillé de ne pas fumer.

Vêtements

Il est nécessaire de vérifier les vêtements pour dormir, ils doivent être en fonction de la saison: s'il fait chaud - à manches courtes, s'il fait froid - à manches longues. Mais dans tous les cas, il est toujours préférable de choisir des pyjamas en coton, sans attaches, sans élastiques, sans boutons ni rivets au dos, car ils peuvent provoquer une gêne pendant le sommeil. Pour la même raison, vous devez couper les étiquettes intérieures.

Lieu de couchage

Le lieu de couchage doit être confortable pour l'enfant et les parents. J'ai écrit sur la façon d'organiser un lieu de couchage dans le chapitre précédent.

Le matelas sur lequel l'enfant dort ne doit être ni trop dur ni trop mou. Il est préférable de choisir un matelas pour enfant bien respirant et composé de matériaux qui ne permettent pas l'apparition d'acariens.

Le berceau doit répondre à des critères de sécurité. Il est important que ses pièces soient faites de matériaux non toxiques de haute qualité, recouvertes d'un vernis sûr et bien ajustées les unes aux autres afin que l'enfant ne tombe pas dans l'espace. Pour un nude simple, mieux vaut en choisir un stretch pour qu'il épouse parfaitement le matelas sans créer de plis ni de grumeaux. La literie du berceau du bébé doit être en coton. Lors du choix de meubles et de textiles pour une pépinière, il est conseillé de privilégier les matériaux naturels.

Le berceau est un endroit pour dormir, pas pour jouer, vous ne devez donc pas y mettre de jouets supplémentaires, à l'exception de celui avec lequel l'enfant dort. Il ne doit pas contenir de nourriture et de livres. Le berceau ne doit jamais être utilisé comme lieu de punition. Vous ne pouvez pas laisser un enfant seul dedans, comme dans une arène, si vous avez besoin d'aller quelque part ou de limiter sa liberté pour une farce. Le lit doit être associé à quelque chose de très agréable, donc en aucun cas ne laissez pas les miettes pleurer seules, afin que cet endroit ne soit pas associé à quelque chose de désagréable.

Activité et loisirs

Que faut-il faire d'autre pour que le sommeil de l'enfant sonne ? Je le répète encore une fois (car c'est très important) : il faut surveiller le temps d'éveil. On connaît le temps qu'un enfant est capable de passer tranquillement du moment du réveil à l'endormissement. Nous savons identifier les premiers signes de fatigue d'un enfant. En les remarquant, nous effectuons sans tarder un petit rituel de 5 à 10 minutes, et déjà un quart d'heure maximum après les premiers signes de fatigue, le bébé est dans le berceau.

Le temps immédiatement après le réveil doit être passé activement. Pour cette période, prévoyez : baignades, massages, visites et retours d'invités chez vous - tout ce qui peut surexciter le bébé. À la fin des heures d'éveil, remplacez les jeux actifs par des activités calmes et une préparation au sommeil. 20 minutes avant le jour et une heure avant le sommeil nocturne, commencez à préparer autant que possible l'enfant et la salle de repos.

Nous faisons toujours des rituels avant d'aller au lit - à la fois avant de dormir le jour et avant la nuit. Les rituels quotidiens et du soir peuvent différer légèrement, le plus important est qu'ils soient les mêmes tous les jours.

associations de sommeil

Si le bébé a du mal à s'endormir tout seul, nous travaillons sur une association pour s'endormir afin que l'enfant, se réveillant entre les cycles de sommeil, puisse les enchaîner sans le vouloir et continuer à dormir. Ceci, comme vous vous en souvenez, est obtenu grâce au fait que le bébé s'endort et se réveille dans les mêmes conditions. Comment apprendre à votre bébé à s'endormir tout seul, nous en discuterons un peu plus tard.

Nourrir jour et nuit

Avant d'aller au lit, l'enfant doit être rassasié, car la faim peut provoquer des réveils fréquents la nuit. L'enfant a besoin de recevoir la bonne quantité de calories pendant la journée, pas la nuit. Il existe souvent un tel cercle vicieux dans lequel la nourriture devient une association pour s'endormir. De plus, n'importe quel aliment, peu importe - sein ou biberon. Dans ce cas, l'enfant se réveille toutes les heures et demie à deux heures la nuit, il est nourri, pendant la nuit, il mange bien sûr et ne mange pratiquement pas pendant la journée, et ainsi de suite de jour en jour. Lorsqu'ils essaient de réduire le nombre de tétées la nuit, l'enfant proteste fortement, car il a faim, car pendant la journée, il n'a pas reçu le nombre de calories requis. Qu'avons nous à faire? Dans tous les cas, réduisez progressivement les tétées nocturnes afin que le bébé mange pendant la journée. Naturellement, les tétées nocturnes peuvent être conservées selon l'âge, mais dans tous les cas, l'enfant doit manger moins souvent la nuit que le jour. À partir d'environ un an, toute l'alimentation est transférée à la journée, de sorte que le corps se repose la nuit. Lorsqu'un enfant mange, les systèmes digestif, excréteur et hormonal travaillent pour lui et doivent se reposer.

L'alimentation doit être variée et répondre aux besoins de l'organisme en nutriments, vitamines et oligo-éléments, dont l'acide aminé tryptophane. Il est préférable de marcher pendant la journée, car à la lumière du jour, le tryptophane est converti en un précurseur de la mélatonine - la sérotonine et la sérotonine la nuit - en l'hormone du sommeil, la mélatonine.

Nouvelles compétences

Qu'est-ce qui affecte le sommeil d'un enfant et que pouvons-nous faire d'autre ? L'enfant la nuit peut commencer à développer de nouvelles compétences. Par exemple, il vient d'apprendre à s'asseoir et, se réveillant plusieurs fois dans la nuit, s'assied et pleure, car il ne sait toujours pas se coucher. Votre tâche est d'enseigner au bébé, de l'aider à pratiquer cette compétence pendant la journée. Si le bébé s'est retourné sur le ventre et s'inquiète d'être coincé dans cette position, apprenez-lui à se retourner. Si le bébé a appris à s'asseoir, créez les conditions pour qu'il s'entraîne à cette compétence et aidez-le à en apprendre une nouvelle - allongez-vous en position assise. Et en conséquence, si l'enfant essaie de se lever, apprenez-lui à s'asseoir et à s'allonger, car les enfants ont le plus peur parce qu'ils se sont levés, mais ils ne peuvent plus se coucher.

Les émotions de maman

Il est très important pour une mère d'apprendre à ne pas créer de problème là où il n'y en a pas. Si votre situation de sommeil actuelle vous convient parfaitement, si vous et votre enfant dormez suffisamment, cela signifie que rien ne doit être changé pour le moment. Lorsque des problèmes surviennent, traitez-les.

Si, néanmoins, vous devez établir le sommeil d'un enfant, la première chose que vous devez cultiver en vous-même est le calme. Le calme et la confiance dans vos actions seront diffusés à l'enfant. Les enfants perçoivent le monde à travers le prisme de l'humeur de leurs parents, en particulier de leur mère. Si la mère est inquiète, l'enfant le lit. Maman est nerveuse - cela signifie que, selon les sentiments de l'enfant, quelque chose de grave se passe et qu'il commence également à devenir nerveux. Votre tâche est de remplir l'enfant de calme et de confiance, puis le bébé acceptera de nouveaux changements beaucoup plus rapidement.

Cohérence, flexibilité, responsabilité

Vos actions doivent être cohérentes. Dès qu'il y a incohérence, l'enfant s'embrouille. Il ne comprend pas à quoi s'attendre ensuite. De manière cohérente et persistante, vous pouvez introduire n'importe quelle habitude et changer la situation. L'essentiel est de mener à bien le travail que vous avez commencé et d'être flexible. Tous les enfants sont différents, personne ne connaît mieux votre enfant que vous.

Si certains conseils universels qui fonctionnent pour la plupart ne fonctionnent pas pour votre bébé, ce n'est pas grave.

Il est très important pour une mère de réaliser l'entière responsabilité du processus d'amélioration du sommeil de son fils ou de sa fille. C'est elle qui décide et est responsable de tout ce qui concerne l'enfant : à quelle heure il doit se coucher ; comment le préparer pour le lit ; ce qui affecte son état à la fin de la journée ; Comment aider votre tout-petit à apprendre à s'endormir tout seul. Absolument pour toutes les étapes de l'établissement du sommeil d'un enfant, la responsabilité incombe à la mère.

Rôle principal

Maman devrait jouer un rôle de premier plan. Le rôle principal n'est en aucun cas une lutte avec un enfant; il n'y aura jamais de vainqueur dans la confrontation. Nous ne pouvons pas forcer le bébé à dormir, mais nous pouvons et devons l'aider à apprendre à bien dormir. Une influence forcée sur un enfant peut fonctionner pour le moment, mais la force provoque toujours une opposition. C'est une loi bien connue de la physique : la force d'action est égale à la force de réaction. Et plus on met la pression sur l'enfant et on le force, plus il résistera. Le rôle principal n'est pas de forcer l'enfant à faire quelque chose par la force, sous la pression ou la manipulation, mais de l'entraîner, de trouver un langage commun avec lui et de le préparer à la coopération.

Bien sûr, il est difficile de maintenir simultanément une attitude positive, de garder à l'esprit toutes les connaissances sur le sommeil, d'être persistant et cohérent, et même d'être en tête. Qu'est-ce qui peut aider dans ce travail difficile? Premièrement, la motivation. Repensez à votre liste de motivation. J'espère que vous avez écrit quelles bonnes choses se produiront lorsque l'enfant commencera à dormir normalement, comment votre vie et le bébé lui-même changeront. Deuxièmement, cela vous aidera à réaliser que la qualité du sommeil de votre enfant est entièrement sous votre responsabilité. Lorsque nous dirigeons un enfant, nous le faisons à tous les stades de l'établissement du sommeil, donc le leader a une grande responsabilité. Le bébé a très peu d'expérience de vie, tout autour de lui est nouveau, inconnu, intéressant et curieux.

Mais lorsque les parents refusent de diriger, l'enfant n'a personne à suivre, il éprouve de l'incertitude et de la peur. Il est nerveux et se sent mal à l'aise tout le temps. Et si le parent prend ses responsabilités et dirige le bébé, la peur s'éloigne et la confiance vient à sa place.

Techniques de communication positive

Comment établir une coopération avec un enfant et cultiver les qualités d'un adulte leader? Avant de demander quelque chose au bébé et d'attendre ce que vous voulez de lui, vous devez d'abord capter son attention positive, et non le forcer. Ceci est réalisé grâce à la "règle de trois": yeux - hochement de tête - sourire. Premièrement, établissez un contact visuel avec votre enfant. Si vous lui parlez depuis une autre pièce ou sans vous regarder dans les yeux, il peut être tellement absorbé qu'il ne vous entendra pas ou ne voudra pas arrêter de jouer. Jouer est beaucoup plus intéressant que dormir.

Pour établir un contact visuel, vous devez être au même niveau que le bébé, assis ou en le tenant dans vos bras. Avant d'essayer de l'amener à accepter de faire quelque chose auquel il est sûr de s'opposer, demandez-lui d'abord de lui faire un léger signe de tête. Louez ses actions ou un beau jouet, montrez votre attitude amicale, diffusez-lui du positif et de la confiance avec vos mouvements et vos paroles. Lorsque le bébé vous a regardé dans les yeux, a souri et a hoché la tête en réponse, il vous a donné son consentement pour une interaction ultérieure.

Maintenant, vous pouvez lui parler de vos plans, que vous allez nager et manger, puis mettre un pyjama, lire un livre et aller vous coucher. Parler est la deuxième technique qui fonctionne bien. Lorsqu'un enfant sait ce qui va se passer ensuite, il l'accepte plus facilement, il est plus calme parce qu'il est conscient des actions ultérieures et, par conséquent, proteste moins. La prévisibilité élimine remarquablement la résistance.

Après vous être baigné, mangé, continuez à prononcer chacune de vos actions : « Maintenant, mettons un pyjama. Que veux-tu, avec un ours ou des fleurs ? C'est la troisième technique - offrir un choix. Avoir le choix supprime également une grande partie de la résistance de l'enfant. A quoi bon résister aux pyjamas si vous les avez choisis vous-même ? Mais dans tous les cas, vous déterminez le type de pyjama pour la saison, et offrez au bébé un choix de deux disponibles.

Pour mieux comprendre ce qu'est un rôle de premier plan, je vous conseille de lire des livres sur la théorie de l'attachement et la parentalité alpha, de vous familiariser avec les sources qui vous ont préparé à la formation de ce modèle de comportement.

Parmi eux se trouve la brochure d'Olga Pisarik "Attachment - a vital connection", composée d'articles écrits sur la base du cours "Life Connection" du psychologue Gordon Neufeld. Le livre vous aidera à comprendre qu'il n'y a pas de boutons magiques pour contrôler l'enfant, des techniques et des méthodes d'éducation, grâce auxquelles le bébé deviendra obéissant et commencera à faire ce que vous avez en tête. L'idée principale que l'auteur transmet aux lecteurs est que les relations se construisent sur la base de l'affection si le parent se voit attribuer le rôle principal dans l'union. Et l'attachement se forme si le parent prend ses responsabilités, dirige l'enfant et le fait positivement. Aussi un livre merveilleux, que je vous conseille de lire "Attachement: un soutien secret dans la vie d'un enfant" de Lyudmila Petranovskaya.

Dans le livre d'Adele Faber et Elaine Mazlish, How to Talk So Kids Will Listen and Listen So Kids Will Talk, vous trouverez de nombreux conseils pratiques sur la façon de construire une relation avec votre enfant non pas sur la peur, la culpabilité, la punition, mais sur attachement et leadership. les rôles.

Comment l'enfant pense-t-il ?

Avant de passer au chapitre sur l'endormissement tout seul, je dois vous confier un terrible secret. Elle réside dans le fait qu'absolument tous les processus qui arrivent à un enfant, tout ce que vous faites avec lui, absolument tout ce que vous voulez lui apprendre ou, au contraire, le sevrer, fonctionnent sur le même principe - sur des associations.

A la formation, j'ai fait un exercice très intéressant. J'ai montré la photo, et les mères ont écrit dans le chat la première association qui leur venait à l'esprit, et mis le signe "+" ou "-", moins, selon la coloration émotionnelle de cette association.

Par exemple, dans une image avec un bâtiment scolaire, les réponses étaient les suivantes :
Jeunesse +
Solitude -
Amis +
L'automne -

Sur la photo avec une bouteille de lait :
Bébé +
GW a échoué -
Alimentation+
Alimentation artificielle -
Tout le monde avait des associations complètement différentes avec la même image. Et les mêmes associations chez différentes personnes peuvent être colorées à la fois positivement et négativement. La même chose se produit avec un enfant. Quelqu'un s'habille pour se promener avec plaisir, sautant de joie. Et quelqu'un à chaque fois avec des

larmes. Et ici, il faut d'abord analyser quelles associations l'enfant a avec telle ou telle action, s'il réagit si négativement. Et modifier en conséquence ces associations. Et pour l'avenir, tenez-en compte lorsque vous commencez quelque chose de nouveau : s'endormir tout seul, apprendre la propreté, visiter un jardin d'enfants, des sections, faire du vélo, etc. Vous vous assurez d'abord que ce processus, cette entreprise provoque l'enfant est des associations assez spécifiques et positives.

Et maintenant, pratiquons. Ne pensons pas au nom d'un adulte, mais au nom d'un enfant. Nous essayons d'imaginer ce qu'il pense et ressent. Cela vous apprendra à toujours avoir une longueur d'avance, à prédire facilement et habituellement les conséquences de vos actes.

Je fais une description, une scène de la vie, et vous imaginez ce que l'enfant pense ou ressent à ce moment.

Situation:le gamin a étalé de la nourriture sur la table, ça avait l'air très drôle, ma mère a souri.

Qu'en pense le bébé ?*J'ai enduit la nourriture, ma mère a souri, je suis content. Pour le rendre à nouveau agréable, vous devez étaler à nouveau la sauce. Maman ne sourit plus, abasourdie. Hier, j'étais heureux. Bon, j'essaierai encore demain d'étaler quelque chose, du coup ça marche.*

Autrement dit, si vous voyez comment un enfant fait quelque chose pendant 1 fois que vous ne voudriez pas qu'il fasse, vous le diffusez très calmement et sans ambiguïté.

Bébé, on mange de la nourriture, on ne la barbouille pas sur la table. Même si cette fois-ci cela vous a amusé, votre prochaine pensée est : et si cela se répétait tous les jours. Ce n'est plus drôle. Donc, nous diffusons notre attitude et disons ce qui doit être fait. Prenez une serviette, essuyez la table. Très calme, amical, mais ferme. Si le bébé est encore très petit et ne peut pas éliminer lui-même les conséquences, nous l'aidons.

Situation:l'enfant a commencé à se cogner la tête contre le mur en signe de protestation. Maman et papa ont laissé tomber toutes leurs affaires, ont couru et ont commencé à se calmer émotionnellement et à examiner le bébé.

Que pense l'enfant ?quand je me suis cogné la tête, mes parents ont couru en panique pour me sauver. Conclusion - vous devez vous blesser pour attirer l'attention.

Si vous remarquez qu'un enfant a commencé à utiliser l'auto-agression pour attirer l'attention, assurez-vous de changer votre comportement. Tout d'abord, réagissez calmement, avec retenue, sans provoquer l'envie de le répéter. Et deuxièmement, donnons beaucoup d'attention positive "comme ça" et de notre propre initiative. Pour que le bébé n'ait pas à "assommer" cette attention. Après tout, si un enfant préfère endurer la douleur physique pour attirer votre attention, sa douleur mentale due à un manque de communication est très forte.

Situation: Vous avez décidé d'apprendre à votre enfant à patiner.

Qu'en pense le bébé ?Il voit des patins pour la première fois. Quelles associations entretient-il avec eux ? Non, c'est la première fois qu'il le voit. Si vous voulez que votre enfant enfile ces patins et roule, et non pas les jeter sous le lit, préparez à l'avance une base d'émotions positives. Dites à quel point c'est génial, montrez comment les autres enfants roulent. Racontez-nous comment vous êtes vous-même monté sur la glace pour la première fois. De manière très positive, sans pression et avec un maximum de soutien, apprenez à votre bébé à monter à *cheval. Si vous allez trop loin et êtes trop persévérant, ou au contraire laissez l'enfant apprendre à monter seul, des associations négatives se formeront et rien ne sortira de cette aventure. On vous a confié le rôle d'un mentor qui non seulement enseigne quelque chose, mais soutient également moralement, se réjouit avec le bébé de ses succès et aide à pleurer et à survivre aux échecs.*

Avez-vous vu comment cela fonctionne? L'enfant a toujours certains sentiments et pensées en réponse à vos actions. Et votre tâche est de diffuser des signaux clairs et compréhensibles et d'évoquer des associations positives ou négatives.

1. Si la tâche consiste à enseigner quelque chose de nouveau, vous devez créer à l'avance une banque d'émotions positives. Au début de la formation, il y a beaucoup de positif et de soutien.

2. Si vous avez commencé à faire quelque chose de négatif, réagissez sans équivoque, mais calmement et avec retenue. On ne fait pas comme ça, on fait comme ça. Si vous avez renversé, cassé, déchiré, ça va, gardez un balai (chiffon), nettoyons les conséquences.

3. Si la tâche consiste à sevrer d'une habitude déjà établie, nous diffusons une réaction calme et neutre. Assurez-vous de donner à l'enfant la possibilité de faire face aux conséquences de ses actes. Nous proposons une alternative, nous ne disons pas comment cela ne devrait pas être, mais comment cela devrait être. La particule « non » est très mal perçue par le cerveau de l'enfant. Il ne semble pas l'entendre. Par conséquent, au lieu de "ne jetez pas d'objets", il vaut mieux dire "veuillez mettre les objets dans le placard". Si le bébé a fait ce qu'il fallait, montrez votre joie sincère. Jusqu'à 3-A ans pour plaire aux parents c'est très agréable pour l'enfant. Par conséquent, en voyant votre joie, le bébé forme des associations positives avec l'action souhaitée.

Et bien sûr, si vous apprenez quelque chose à un enfant ou, au contraire, le sevrez, il vous faudra beaucoup, beaucoup de patience. Cohérence, persévérance et flexibilité, le cas échéant.

Et rappelez-vous, nous sommes dans le même bateau avec l'enfant. Quand nous commençons à le combattre, nous secouons ce bateau. Que se passe-t-il si le bateau est fortement secoué ? Tout d'abord, personne ne nagera jamais nulle part. Deuxièmement, tout le monde est désagréable, tout le monde est orageux, le mal des transports. Troisièmement, tôt ou tard, ce bateau qui se balance constamment chavirera tout simplement. Dans l'un des âges de crise, à 3 ans ou à l'adolescence, peut-être. Et personne n'en profitera.

Conclusion - nous devons comprendre que nous enseignons à l'enfant, y compris par l'exemple, et ne luttons pas contre le fait que vous dépendez les uns des autres, vous êtes dans le même bateau. Mais vous êtes le capitaine de ce navire. N'oubliez pas cela aussi.

Associations positives avec le lit et le sommeil

Vous avez déjà compris que tout fonctionne sur les associations. Pour que le bébé ne s'enfuie pas avec des larmes d'une phrase «il est temps de dormir», vous devez former tout un cercle d'associations positives autour de ce processus.

Comment:

1. Nous ne sortons pas l'enfant du jeu tout d'un coup, nous commençons un réveil calme et une préparation au sommeil à l'avance afin que le bébé ait le temps de terminer toutes ses choses importantes.

2. Sur le chemin du jeu au rituel, on utilise des techniques de communication positives pour éviter ce négatif « allez plus vite, c'est l'heure de dormir », « encore

tu déconnes », « viens ici, à qui tu as dit » . Une telle communication, bien sûr, provoque de la négativité, de la résistance ou simplement de la peur chez le bébé. Et ce ne sont pas les sentiments qui aident à se détendre et à s'endormir à temps.

3. Le rituel doit plaire au bébé. Apaisez, accordez-vous pour dormir et assurez-vous de l'aimer !

Une mère a proposé, à son avis, un rituel merveilleux, il correspondait parfaitement aux critères et à ses idées sur la façon dont cela devrait être. Il comprenait caresser les bras et les jambes. Mais elle a écrit que cet article est donné directement avec difficulté, le bébé rampe, commence à gémir, comment l'habituer à ces actions ? Ne forcez pas votre enfant à endurer ce qu'il n'aime pas. Les actions sur le rituel peuvent être n'importe quoi, vous devez étudier votre enfant et chercher ce qui lui plaira.

4. "Promouvoir" le berceau, en faire un endroit agréable et désirable pour dormir. Dites à votre bébé qu'il est déjà grand et qu'il peut (et ne doit pas) dormir dans son berceau. C'est si la tâche consiste à s'éloigner du co-sommeil dans un lit pour adulte. Ou on favorise la chambre si on veut déplacer le bébé à la crèche. Et assurez-vous de dire que maman sera à côté de vous. Car pour un enfant, toute séparation (separation) n'est pas toujours facile. Autrement dit, nous n'expulsons pas le bébé de son lit (et il peut penser cela de sa vie), mais nous le mettons à l'aise et lui montrons tous les avantages de dormir dans un berceau ou dans une pièce séparée.

5. On ne joue pas dans le berceau, on ne mange pas, en aucun cas on ne s'en sert comme lieu de punition (on gronde pour quelque chose, c'est tout - va dans ton lit !). Et bien sûr, il ne faut jamais laisser un bébé pleurer seul dans un berceau (et en général, un enfant ne doit pas pleurer seul n'importe où !). Une mère a dit qu'elle ne pouvait pas apprendre au bébé à dormir dans son berceau. Dès qu'elle

s'approche du berceau avec l'enfant dans ses bras, il se met à crier de façon déchirante. Grâce à de longues enquêtes, il a été possible de découvrir que la mère utilisait d'une manière ou d'une autre la méthode du «laissez-le déchirer» et laissait l'enfant dans le berceau pour pleurer seul. Cette peur et cette horreur des larmes de solitude, bien sûr, se souviennent à chaque fois que l'on approche de cet endroit.

6. Rappelez-vous les associations positives. Vivre avec un enfant développe grandement la créativité. Vivre avec une fille sensible a poussé ma créativité au niveau 80. En conséquence, vous devez, en connaissant les préférences de votre bébé, faire du berceau un endroit très agréable. Décorez-le, achetez un nouveau côté avec votre bébé (laissez-le choisir), de la literie, des autocollants, des nœuds. Vous devez vous assurer que l'enfant associe le berceau à quelque chose de très bon, de sûr et de sommeil.

7. Si votre bébé a plus de 7-8 mois, procurez-vous un jouet "endormi". Achetez un jouet spécial sans sons, petites pièces, inserts bruissants, agréable au toucher et de taille adaptée. C'est bien si l'enfant peut le choisir lui-même dans le magasin. Elle ne vivra que dans le berceau et ne sera utilisée que pour dormir et non pour jouer. Et peut-être que ce jouet de couchage deviendra un ami préféré pour le bébé pendant de nombreuses années.

8. Votre humeur. Il est infiniment important. Si, avec le début du soir, tout le monde dans la famille se transforme en pierre, les muscles se tendent et l'acier tinte dans la voix, il est peu probable que l'enfant soit doué pour se coucher. Rappelez-vous, si nous nous battons avec un enfant, il se bat avec nous. Seul son combat n'est pas de la manipulation et tente de vous mettre méchamment à la chaleur blanche. Il essaie de reconquérir des adultes aimants, attentionnés, forts et confiants avec qui il est calme et en sécurité, et non anxieux et ne sait pas à quoi s'attendre.

Le huitième point est peut-être le plus difficile. Il est impossible de se calmer et d'entrer dans l'état souhaité en un clic. Mais vous pouvez vous entraîner à trouver «l'adulte» en vous et lui demander de l'aide à temps.

Pourquoi votre rôle de leader en tant qu'adulte est-il si important ?

Comment une personne se sent-elle lorsqu'on lui demande d'explorer une pièce les yeux fermés ?

Essayez de fermer les yeux maintenant. Explorez sans regarder ce qui vous entoure. Et si vous devez marcher comme ça, même dans une pièce familière ? Et dans un endroit inconnu ? Qu'est-ce que c'est? Qu'est-ce que ça fait? Que ressentez-vous les yeux fermés ? Tout est inhabituel, l'incertitude, la peur. Souvenez-vous de ces sentiments, s'il vous plaît !

Imaginez maintenant que quelqu'un que vous aimez vous guide dans la même pièce les yeux fermés. Vous aurez également les yeux fermés, mais vous ne serez pas seul, quelqu'un vous guidera.

Que ressentiriez-vous pour cette personne ? Nous faisons cet exercice lors d'un entraînement en direct dans le gymnase, et vous savez ce que disent ceux qui ont été menés dans le gymnase par la main ?

Ils ont dit qu'ils avaient une grande confiance en celui qui les conduisait. Comment pensez-vous que ceux qui ont conduit se sont sentis? Oui, la responsabilité.

Vous avez maintenant fait l'expérience de ce qu'un enfant vit chaque jour. L'enfant a très peu d'expérience de vie. Par conséquent, presque tout ce qui l'entoure suscite la curiosité. Était-ce intéressant d'explorer la salle ? Mais en même temps, lorsque personne ne dirige, lorsque les parents n'ont pas ce rôle de premier plan, l'enfant éprouve de l'incertitude et de la peur. Et que fait-il ? Ou rester immobile ou se déplacer très lentement. Ou une toute petite personne assume déjà ce fardeau insupportable sous forme de responsabilité. De là, apparaissent des petits tyrans, contrôleurs, "directeurs" de la famille. Et ils n'apparaissent pas d'une bonne vie, mais du sentiment que les parents ne prennent pas la responsabilité d'eux-mêmes, ils traînent sans propriétaire et, il n'y a rien à faire, vous devez répondre pour vous-même, et pour eux, pour vos parents bien-aimés .

Lorsqu'un parent prend ses responsabilités et dirige l'enfant, l'incertitude se transforme en confiance. Ces mots ont la même racine, mais quelles significations différentes !

Le rôle principal n'est pas de forcer l'enfant à faire quelque chose par la force ou la pression. Et en l'entraînant, en trouvant un langage commun et en préparant l'enfant à la coopération. Le comportement suivant est extrêmement naturel pour un enfant. Vous avez juste besoin de ne pas renverser ce programme établi par la nature.

parent, adulte, enfant

Vous avez probablement entendu dire qu'à l'intérieur de chacun de nous, il y a un enfant, un parent et un adulte intérieur.

Selon vous, qui est capable de voir la situation de l'extérieur ? Qui est capable d'être critique envers lui-même et objectivement envers les autres ?

Bien sûr, un adulte. Notre enfant peut s'apitoyer sur son sort, ressentir de la colère, de la haine, de l'envie, se sentir impuissant et faible. Ce sont tous des sentiments très enfantins et tout à fait normaux inhérents à toutes les personnes.

Mais si notre enfant intérieur nous contrôle complètement, le parent condamne et l'adulte s'assoit tranquillement et se tait. De quel rôle principal peut-on parler ? Quel genre de parentalité positive ?

Comment pouvons-nous aider un enfant à gérer ses sentiments (agressivité, colère, futilité) si nous ne pouvons pas le gérer nous-mêmes ?

J'ai aimé ce que T. Hogg a écrit dans son livre : « Le caractère du parent peut soit entrer en conflit avec la personnalité de l'enfant, soit la compléter. Nous devons nous examiner de plus près pour voir où sont nos points faibles et réfléchir aux boutons que nos enfants peuvent appuyer. Si nous sommes suffisamment préparés, nous pourrons nous adapter pour agir dans l'intérêt de l'enfant, c'est l'essence des parents objectifs.

Avez-vous déjà volé dans un avion?

Ce qu'ils disent sur le masque à oxygène, tu te souviens ? Mettez d'abord un masque pour vous-même, puis pour votre enfant. Quand j'étais petite, cet état de fait me révoltait. Logiquement, vous devez d'abord vous précipiter pour sauver l'enfant. Mais quand j'ai grandi et que j'ai eu mon propre enfant, tout s'est mis en place. Pendant que la mère essaie de mettre le masque à l'enfant, elle perd connaissance, s'éteint et il n'y a pas d'options, personne n'aidera l'enfant. Par conséquent, nous mettons d'abord un masque pour nous-mêmes, prenons soin de notre monde intérieur, alignons notre condition. C'est la seule façon d'aider l'enfant.

Voyons maintenant où sont les sentiments et quoi en faire.

Je vais décrire une image de la vie, et vous écrivez ou essayez simplement de ressentir ce que vous vivriez dans une situation similaire. Visualisez directement cette histoire pour vous-même.

Vous êtes dans un supermarché. L'enfant a vu un bibelot dont, à votre avis, il n'a pas besoin, dont il oubliera très probablement dans 5 minutes. Mais il l'exige. Tu dis non, tu expliques. Il fait une crise de colère, tombe au sol, se met à crier, sangloter, frapper le sol. Vous êtes debout avec un chariot plein, tout le monde vous regarde, les gens ont déjà commencé à s'arrêter pour tout regarder. Les mamies secouent la tête (enfants gâtés), les mères avec des bébés tranquillement assis (et nous avons un enfant normal) passent fièrement.

Que ressentez vous? Soyez juste honnête.

Contrariété. Honte. Impuissance. A qui appartiennent ces émotions ? Enfant. Comment l'enfant réagit-il à de telles émotions? Il commence à se mettre en colère, crie également, soulève brusquement le bébé du sol de force, siffle quelque chose de menaçant dans son oreille, lui fait honte, etc. C'est-à-dire qu'il ne se comporte pas comme un adulte, mais comme un pair qui ne peut pas non plus faire face à ses émotions.

Que ressentirait un adulte quand il verrait son enfant par terre dans une crise de nerfs dont lui, le pauvre garçon, ne peut pas sortir ? Sympathie. Volonté d'aider. Sauvetage, soutien.

Une autre situation. Vous êtes sur le site. Le gamin essaie de grimper partout: sur la plus haute colline, sur les escaliers les plus dangereux, il disperse le sable du bac à sable, cueille toutes les plantes d'affilée, essaie de les goûter.

Que ressentez vous? Anxiété. Y a-t-il un désir pour lui que ...? Contrôler, arrêter, interdire.

A qui appartiennent ces émotions ? Parent. Un contrôle constant, des soins, bien sûr. Mais c'est du contrôle, de l'agacement, de l'angoisse, une envie de limiter. C'est-à-dire l'image idéale du parent - le bébé est assis avec lui sur le banc et ne bouge pas du tout ou, au pire, tricote un châle. Bien que non, les aiguilles à tricoter sont également potentiellement dangereuses, il vaut mieux simplement s'asseoir et contempler.

Comment se sentirait un adulte ? La joie que l'enfant connaît le monde. Qu'il fasse preuve d'indépendance et d'intérêt. L'envie de le rejoindre et d'assurer sa sécurité.

Observez-vous. Notre adulte intérieur est l'observateur. Il sait voir quand notre enfant intérieur est offensé et peut avoir pitié de lui. Il voit quand notre parent entre dans une crise de contrôle ou de jugement, et peut le maîtriser. Notre adulte, lui seul peut donner à l'enfant un sentiment de sécurité, de confiance, qu'il y a une personne fiable avec un rôle de premier plan à proximité.

C'est vraiment dur, je comprends. Mais en le pratiquant constamment, vous en ferez une habitude.

Et vous saisirez facilement vos émotions, en serez conscient, les regarderez du point de vue d'un adulte. C'est ce qu'on appelle la réflexion. Cette compétence, comme toute autre, peut être apprise.

Ainsi, avant d'utiliser les techniques parentales positives dont nous avons déjà parlé, nous entrons dans cet état d'adulte observateur qui peut composer avec ses émotions et avec les sentiments de l'enfant. Il est tout simplement inutile d'utiliser des techniques de manière mécanique - cela ne fonctionnera pas ou avec moins d'efficacité.

Et maintenant - pour tout autoriser?

Les parents me posent aussi très souvent une question - qu'en est-il des interdictions, car il arrive que vous ne puissiez pas faire quelque chose, mais lui le fait, comment répondre positivement à cela ?

La fonction d'un adulte: protéger, assurer la sécurité, enseigner (je n'oublie pas de le répéter essentiellement - par mon propre exemple), aider le bébé à entrer dans la société et à apprendre le comportement social. De plus, tout cela est fait dans une position d'attention et d'affection, et non dans la position d'un organe cruel de surveillance et de punition.

Pour comprendre comment réagir, vous devez d'abord comprendre quelles sont les interdictions. Ce sont les limites qui doivent être correctement fixées et respectées. Et les limites à l'âge de, par exemple, 2-3 ans sont infiniment importantes. C'est juste cette merveilleuse période de négativisme, où l'enfant vérifie constamment si ces limites existent, où elles se trouvent et si elles peuvent être déplacées. Il se considère très grand. En même temps, il n'a ni expérience de la vie ni capacité à prédire les conséquences de ses actes. Et il peut agir beaucoup plus librement qu'un bébé d'un an qui commence tout juste à marcher. Un enfant de trois ans peut courir sur la route, atteindre un poêle chaud, grimper sur un rebord de fenêtre, frapper violemment un enfant plus jeune, dire des choses méchantes à un voisin ou tirer un chat par la queue, etc. sont nécessaires, c'est un fait.

Comment réagissons-nous lorsqu'un enfant fait quelque chose d'indésirable ? Le plus souvent avec le même mot « Non ».

Imaginez que le mot « non » est un mur de béton qui ne peut être surmonté. À quelle fréquence utilisons-nous ce mot dans la communication avec un enfant ? Presque constamment. Si vous faites le calcul, vous obtenez au moins 100 non-cannes par jour. Imaginez maintenant qu'à chaque fois que vous prononcez le mot « non », il y a un mur de béton entre l'enfant et ce qu'il fait ou s'apprête à faire.

S'il va courir sur la chaussée ou attraper une bouilloire bouillante, le mur est très pratique. Et si vous cueillez une fleur, caressez un chat, touchez le jouet de quelqu'un d'autre, prenez une télécommande sur la table, etc. Pouvez-vous imaginer combien de murs vous pouvez construire en une journée ? Si tout est impossible, tant les frontières sont étroites, il est dans ces murs comme dans un puits. Et l'enfant ne peut aller que dans deux sens.

La première façon - si tout le système d'éducation dans la famille est suffisamment difficile, il accepte ces limites et accepte que tout dans le monde ne peut pas être fait. Il s'assied dans son puits et arrête d'essayer de faire quelque chose : arrête d'explorer le monde, d'essayer quelque chose de nouveau, de se développer. Pourquoi? Ce sera encore impossible, c'est bien triste.

La deuxième façon - l'enfant commence à ignorer ces limites et cesse de percevoir le mot "non". Et quand vous direz "non" devant la chaussée, ce sera une phrase creuse. Des limites très étroites sont tout aussi dangereuses que pas de limites du tout.

Que faire? Pour commencer, avant de dire quelque chose d'interdisant à un enfant, demandez-vous si cela en vaut la peine. Est-ce qu'il fait vraiment quelque chose qui peut lui faire du mal ou blesser les autres, cela vaut-il vraiment la peine d'intervenir et de limiter. Après tout, il se développe maintenant dans le jeu et découvre le monde. À quel point est-il terrible qu'il veuille marcher à quatre pattes dans la cage d'escalier s'il joue au chien ? S'il n'y a pas de lunettes et que vous rentrez toujours à la maison et que vous vous lavez les mains ?

Si vous pouvez le permettre, permettez-le ; si vous ne pouvez pas, divisez les actions en trois catégories :
• c'est interdit;
• ce n'est pas nécessaire;
• vous pouvez, mais alors.

Qu'est-ce qui est impossible ? C'est à vous. Mais "non" devrait être très peu dans la vie d'un enfant. N'oubliez pas qu'il s'agit d'un mur de béton. Ce mot devrait être un mur de béton. C'est-à-dire qu'au moment où vous prononcez ce mot, l'enfant l'a perçu sans ambiguïté et instantanément. Qu'est-ce qui est impossible ? Tout ce qui est dangereux pour la vie et la santé, qui peut causer de graves dommages à autrui. Ou quelque chose qui n'est pas autorisé dans votre famille. Faites une liste avec votre père de ce qu'il ne faut pas faire et assurez-vous d'écrire à côté pourquoi c'est impossible. Mais vous ne pouvez pas - cela signifie que vous ne pouvez pas toujours : hier, aujourd'hui, demain, etc. Et vous ne pouvez pas avec tout le monde. Si vous ne pouvez pas jouer au téléphone, vous ne pouvez pas jouer à la mère, au père et à la grand-mère lorsqu'elle vient vous rendre visite. Assurez-vous de transmettre à tous les membres de la famille la signification du mot « non » et ce qu'il ne faut pas faire exactement. Ce n'est qu'ainsi que ce mot aura du poids et qu'un jour il pourra prévenir les ennuis.

Ce n'est pas nécessaire. Cette phrase est juste pour les actions indésirables. Autrement dit, ce n'est pas du tout effrayant, mais pour le moment, vous ne voulez pas que le bébé chante une chanson sous votre oreille, puisque vous vous êtes assis pour lire un livre. Ceci est une demande. Pas besoin de crier fort dans un restaurant, pas besoin de jeter des serviettes par terre, pas besoin de prendre le jouet de quelqu'un d'autre si cet enfant est nerveux à cause de cela. Autrement dit, rien de terrible ne se produira si cette action se produit, il vaut mieux ne pas le faire.

C'est possible, mais plus tard. Je veux des bonbons. Et bientôt déjeuner.

Le "non" habituel ! Pourquoi pas"? Quelqu'un va mourir? Non.

Ce n'est pas nécessaire! Pourquoi pas? Ce bonbon ne blessera ni ne blessera personne.

Candy, peut-être ? Oui, mais après le déjeuner. Cette phrase est dite si le bébé veut faire ce qui est habituellement possible, ce n'est pas le bon moment.

Quoi d'autre est très important? Il est important d'expliquer pourquoi : pourquoi c'est impossible, pourquoi ce n'est pas nécessaire et pourquoi c'est possible, mais plus tard. Et expliquez ce qui peut ou devrait être fait à la place.

Par exemple:

1. Vous ne pouvez pas courir sur la route ! C'est très dangereux. Vous devez aller main dans la main avec maman ou papa.

2. Pas besoin de crier dans un restaurant. Il peut interférer avec d'autres personnes, ils parlent. Allez, quand nous rentrerons en voiture, chantons tous ensemble à haute voix.

3. Voulez-vous des bonbons ? Vous pouvez, bien sûr, je vous le donnerai après le dîner. Candy avant le dîner interrompt l'appétit. Nous mangeons d'abord le déjeuner, puis le dessert.

Ce n'est pas si difficile. Pas besoin de se livrer à de longues explications, 1-2 phrases suffisent. Surtout, sans irritation, rappelez-vous les techniques de communication positive. Et n'abusez pas du mot "ne pas" ou il perdra sa valeur.

Et, bien sûr, quoi d'autre est important? Cohérence et persévérance ! Sans elle, nulle part. Si vous avez déjà défini une sorte de règle - c'est tout, vous devrez vous conformer à cette règle. Même si à un moment donné cela ne vous convient pas, ou si vous n'avez pas le temps, ou s'il est plus facile de céder. Par exemple, vous sortez et l'enfant a renversé des crayons par terre, bien que vous ayez dit que vous ne devriez pas faites-le et si vous le renversez, vous devez le nettoyer. Il serait plus rapide de l'assembler soi-même ou de le laisser tel quel. Mais ici, il est important de se rappeler que le sentiment quand maman a dit, maman a fait est beaucoup plus important que d'être en retard quelque part. Parce que la prochaine fois que l'enfant, éparpillant des crayons, s'attendra inévitablement à ce que vous puissiez le laisser comme ça ou vous le retirerez vous-même.

C'est la même chose avec un endroit pour dormir. Vous avez établi une règle selon laquelle l'enfant dort dans votre propre lit, n'entre pas dans le vôtre. Et il est venu. A 4 heures du matin. Trop paresseux pour se lever et le ramener dans la chambre, s'asseoir avec lui, etc. Qu'est-ce que tu fais ? Emmenez-le avec vous, bien que vous ayez prévu de faire dormir l'enfant dans une chambre séparée. Et que pensez-vous qu'il va se passer la nuit prochaine ? Oui, bien sûr, il viendra. Et si vous essayez de le remettre au lit, ce sera une protestation sauvage et un malentendu, hier c'était possible, pourquoi pas maintenant. Autrement dit, si vous avez une règle, il est beaucoup plus facile de s'y tenir du début à la fin. Les enfants sont très rapides à accepter les règles, ils les aiment vraiment. Au cas où ils seraient observés en permanence et, bien sûr, par tous les membres de la famille.

Et si tu ne peux pas manger de cookies sur le canapé avec maman, mais que papa le permet ? Il y a deux problèmes ici : l'incohérence et le conflit d'intérêts. Papa chuchote à l'enfant: "Ne le dis pas à maman." Comprenez vous? Maman est une punisseuse, maman est méchante, maman n'est pas une autorité. Vous ne pouvez pas l'écouter, l'essentiel est qu'elle ne le sache pas. Cette situation se transforme alors en un manque de responsabilité interne : il n'y a pas de mauvaise action si personne ne le sait. Ou maman arrive, jure papa devant l'enfant. Alors papa est mauvais, papa n'est pas une autorité.

Par conséquent, essayez de discuter de telles choses à l'avance, en privé, très calmement et de manière écologique.

10 règles pour une communication positive

Alors qu'est-ce qui est important pour nous ? Non seulement pour savoir à quelle heure et comment endormir l'enfant, mais pour le faire non par la lutte, non par la résistance. Et en utilisant le rôle de parent principal. De plus, il est important de se rappeler que nous conduisons l'enfant avec nous, et non le traînons de force. Et il est très important de ne pas utiliser mécaniquement les techniques de communication positive, mais de cultiver l'état d'un adulte bienveillant et responsable.

Il est tout à fait possible de faire un petit ensemble de règles que vous pouvez imprimer et mémoriser lorsque cela devient difficile et que vous avez vous-même envie de pleurer et de grimper dans les bras de quelqu'un :

1. Je suis un adulte, c'est un enfant. Nous connectons immédiatement notre adulte intérieur.

2. La responsabilité est toujours la mienne. Est toujours. L'enfant ne peut être responsable de rien à cet âge. Je n'ai pas prévu, je n'ai pas enseigné, je n'ai pas...

3. Préparez l'enfant à l'avance pour quelque chose de nouveau. Dites ce qui va arriver, comment ce sera, dites-le, dites comment cela devrait être, comment ne pas se comporter.

4. Arrêtez immédiatement les comportements indésirables en en parlant ouvertement et calmement.

5. Louez beaucoup, souvent, au point. Utilisez des éloges descriptifs, pas seulement "bien joué". Éloge descriptif : « Regardez comme vous avez bien récupéré les jouets, mettez tout à sa place. Maintenant, la pièce est si ordonnée, c'est agréable à voir.

6. Fixez des limites adéquates et respectez-les. Les limites sont importantes : cohérence, persévérance et flexibilité. Il n'est pas nécessaire d'atteindre le fanatisme et de forcer l'enfant à essuyer l'eau renversée s'il est malade ou ne se sent pas bien.

7. Vos actions signifient plus que vos paroles. Tenez votre parole, confirmez-la par l'action.

8. Montrez le bon chemin par votre propre exemple. Vous n'êtes pas un policier ou un punisseur, vous êtes un instructeur, vous enseignez en donnant l'exemple.

9. Comprendre les sentiments de l'enfant. Utilisez la méthode de l'écoute active, du miroir. Exprimez les émotions de l'enfant. Lorsque nous nommons une émotion, nous montrons que nous la comprenons. Ceci est très important pour le bébé. Et nous l'aidons à comprendre la tempête d'émotions qu'il a à l'intérieur.

10. Respectez l'enfant. Ne discutez jamais des méfaits de votre enfant avec des inconnus. Louez en public, grondez en privé. Parlez toujours de lui avec respect. Remplacez votre mère, votre mari, etc. à sa place. Autrement dit, respectez la même chose que n'importe quel adulte.

Pour montrer comment fonctionnent ces 10 règles de communication positive, prenons un exemple.

Situation:L'enfant sur le terrain de jeu a enlevé un jouet à quelqu'un et montre avec toute son apparence qu'il ne va pas le donner. L'autre enfant est nerveux, sur le point de pleurer. Exemple classique.

Votre état intérieur:honteux, maladroit, inconsciemment je veux me séparer de mon enfant, ils disent, il est mauvais, il ne connaît pas les règles, mais je suis bon, je sais avec certitude que ce n'est pas bon d'enlever des jouets. Autrement dit, l'enfant intérieur est connecté.

Maman commence publiquement à faire honte et à blâmer le bébé : ce n'est pas bien, c'est impossible, rends-le, honte à toi, tu es un mauvais garçon, les bons garçons ne font pas ça, regarde, le bébé va pleurer à cause de toi, et plus bas dans la liste. Alors qu'est-ce que maman a fait? Elle a rejeté la responsabilité de la situation sur l'enfant, a suscité un sentiment de culpabilité, n'a pas dit à l'avance comment cela devrait être, n'a pas compris ses sentiments (il voulait juste vraiment jouer avec ce jouet en particulier. Beaucoup !), Grondé en devant tout le monde, peut-être même l'a-t-il insulté, giflé, c'est-à-dire humilié publiquement. Et avec tout son comportement, la mère a montré qu'elle et l'enfant n'étaient pas dans le même bateau, maintenant il était, pour ainsi dire, seul contre le monde entier. Et l'apogée - la mère enlève le jouet à son enfant, confirmant ainsi sa confiance qu'il est normal de l'enlever par la force. Rideau.

Comment pourriez-vous le faire :
Assis au niveau des yeux du bébé, a attiré son attention. Bébé, je comprends que tu as vraiment aimé ce jouet. Oui? (Nous montrons que nous ne sommes pas séparés de l'enfant, que nous comprenons ses sentiments et que nous sommes de son côté.) Oui, je l'aime aussi. Mais elle est Mishina. Avant de prendre quelque chose à quelqu'un d'autre, vous devez demander. Faisons-le. Nous offrirons votre jouet à Misha, et s'il accepte, vous vous changerez un moment, puis vous rendrez vos jouets l'un à l'autre. S'il n'est pas d'accord, le jouet doit être donné. Si Misha réclame sa voiture et ne veut pas changer, cela signifie que les négociations se poursuivent. Donnez un jouet à Misha, s'il vous plaît, et nous irons jouer à votre pelleteuse (distrayez-vous, détournez l'attention). Lorsque l'enfant a fait ce que vous avez demandé, vous devez sincèrement

C'est un exemple. Il est clair qu'il existe un million d'options sur la manière dont cette situation pourrait évoluer. Mais les principes sont toujours les mêmes. Et nous commençons toujours par nous-mêmes, par notre condition et par notre responsabilité dans toute situation avec l'enfant.

Et si c'était hystérique ?

Eh bien, ils n'avaient pas le temps, ils ne l'ont pas empêché, quelque chose n'allait pas. Tout, l'homme est hystérique, n'entend personne, ne voit rien. Que faisons-nous?

Nous partons toujours de notre état intérieur. Nous incluons un adulte. On analyse ce qui s'est passé, ce que je ressens, ce qu'un adulte ressentirait, on entre dans cet état. Comment mon enfant se sent-il ? Et déjà à partir de l'état dans lequel nous pouvons contrôler nos sentiments et contenir les sentiments de l'enfant, nous pouvons appliquer todleriz.

Tout-petits- C'est une méthode étonnante pour sortir le bébé de l'hystérie, inventée par le pédiatre américain Harvey Karp. Todlerizes est un langage d'enfants qu'ils sont capables d'entendre et de comprendre même lorsqu'ils sont dans cet état.

Le principe d'utilisation des jouets est très simple : lorsqu'un enfant est dans un état d'hystérie, il faut traduire ses propres sentiments en répétant ses paroles (ou en disant ce qu'il pourrait dire s'il le pouvait). Mais ce qui est beaucoup plus important que les mots, c'est une imitation sincère du niveau de ses émotions dans sa voix, son visage et ses gestes. Avec l'apparente simplicité de la méthode todleriz, ça marche à merveille !

4 composantes de la traduction de n'importe quelle phrase dans le langage enfantin des tout-petits :

1. Phrases courtes. Si vous avez besoin de calmer un enfant qui est hystérique, il est totalement inutile d'utiliser la persuasion et le raisonnement logique. Au contraire, lorsqu'un parent essaie d'expliquer qu'il n'y a pas de quoi s'énerver, l'enfant devient convaincu qu'il ne l'entend pas ou

ne le comprend pas, et se met à pleurer encore plus. Les tout-petits ont du mal à accepter de longues phrases même lorsqu'ils sont satisfaits et heureux. Dans le cas des très jeunes enfants, les phrases ne doivent pas dépasser trois mots. Pour les enfants plus âgés, cinq.

2. Répétition. Des enfants littéralement « sourds » dans une crise d'émotions violentes. Il semble qu'ils ne voient ni n'entendent rien autour d'eux. C'est pourquoi la répétition est un élément clé des tout-petits. Pour que le bébé vous entende, vous devez répéter plusieurs fois la phrase: «Tu es fatigué ... fatigué ... fatigué! Fatigué!!! Voulez-vous rentrer à la maison !". Si l'enfant crie parce que vous ne l'avez pas laissé prendre le bonbon, imitez ses émotions en répétant : "Tu veux ! Tu veux ! Tu veux l'avoir maintenant-a-as ! Veux ! Voulez-vous ? Voulez-vous l'obtenir maintenant ? » Faites attention aux phrases courtes, à la répétition et à l'accent mis sur le dernier mot.Vos mots doivent sonner émotifs, mais ne doivent pas atteindre le niveau d'un cri.

3. Intonation correcte. L'élément clé est d'imiter les sentiments du bébé à travers les intonations. Bien sûr, il n'est pas nécessaire de crier, de crier et de taper du pied, même si un enfant le fait. Mais vous ne devez pas parler calmement et avec retenue, mais de manière expressive et émotionnelle. Des intonations bien choisies transmettent l'idée principale. Lorsque le bébé est bouleversé, son cerveau ne perçoit pas les mots, mais il reconnaît facilement la composante non verbale.

4. Expressions faciales et langage corporel. L'enfant attache plus d'importance à vos intonations et à vos gestes qu'au flux de mots incompréhensibles. Pour un tout-petit frustré, un geste vaut vraiment mille mots. Apprenez à montrer de l'intérêt et du respect à travers les expressions faciales et le langage corporel. Hochez la tête, accroupissez-vous pour être en dessous du niveau de l'enfant. Touchez doucement sa main ou asseyez-vous à

côté de lui. Votre visage doit exprimer de l'empathie, comme une grande affiche qui dit : « Je comprends parfaitement ce que tu ressens ! ».

La principale chose à comprendre est que les enfants en colère ne voient ni n'entendent rien autour. Vous pouvez prouver, punir, crier, ignorer ou essayer de détourner l'attention autant que vous le souhaitez, mais vous vous rendrez vite compte que tout cela ne fonctionne pas. Si le bébé ne voit pas que vous le comprenez, il ne pourra pas se calmer. Et être compris est la chose la plus importante pour lui. Grâce aux tout-petits, le cerveau surchargé d'un enfant est capable de se rendre compte que vous avez "pris son message". Répétez ses mots (ou ce qu'il pourrait dire s'il le pouvait), reflétant ses sentiments avec des intonations et des gestes. Rappelez-vous : comment vous dites est beaucoup plus important que ce que vous dites !

Quand j'ai essayé de todlerize pour la première fois, je me sentais très mal à l'aise.

Eh bien, qu'est-ce que je fais, tante adulte ? Je me tiens au milieu de la pièce et je répète 10 fois de différentes manières : « Tu es en colère, tu es très en colère ! Vous voulez marcher ! Marche! Marchez maintenant ! La première fois est vraiment très gênante. Et comment appliquer la méthode non pas à la maison, mais dans la rue, dans un magasin ou dans un centre pour enfants, est complètement difficile à imaginer. Alors que faire? Claque, crie, traîne par la main depuis le centre ?

La première fois que j'ai utilisé todlerise, ma fille a commencé à se calmer si vite que ça m'a choqué. « Tu veux marcher ! Marche maintenant ! » Et maintenant, ce n'est plus un hurlement sans fin, mais une confirmation à travers les larmes : "Ouais."

- Oui, tu veux aller te promener, je te comprends, bébé, je te comprends.

Et maintenant, presque calmement : "Oui, je veux." Et maintenant tu peux expliquer :

- Oui, j'ai aussi très envie de sortir. Maintenant la pluie s'arrêtera, et nous irons. Choisissons quoi porter...

L'application de la méthode prend plusieurs minutes et travaille pour une compréhension mutuelle et des relations de confiance avec l'enfant, et quoi de plus important ? Et franchement, je me fiche de ce à quoi ça ressemble de l'extérieur.

Chapitre 6

S'endormir tout seul

Décidez-vous

Je pense que vous trouverez également utile de lire des livres sur le sommeil des bébés qui décrivent l'approche opposée. Cela est nécessaire pour vous assurer qu'il n'y a pas une seule bonne façon, mais seulement celle qui convient à votre enfant et à votre famille. Des points de vue opposés sont tenus, par exemple, par Mark Weissbluth, auteur de Healthy Sleep, Happy Child, et William et Martha Sire, qui ont écrit Your Child, Parenting at Night. Comment endormir un enfant. Les auteurs promeuvent des opinions complètement différentes sur la question de savoir où et comment un enfant doit dormir et comment lui apprendre à le faire.

Deux autres auteurs avec l'approche opposée sont James McKenna et Gina Ford. James McKenna dans son livre Co-Sleeping with a Child. A Parent's Guide préconise de partager l'heure du coucher et les tétées nocturnes fréquentes. Gina Ford "Comment apprendre à un enfant à dormir", au contraire, estime que les tétées nocturnes doivent être minimisées au cours des premiers mois de la vie et supprimées complètement à 5-6 mois. À son avis, la meilleure façon d'organiser un lit est un lit dans une pièce séparée. Lisez, peut-être que quelques idées pour votre famille seront pertinentes et intéressantes. Dans tous les cas, quand on regarde la situation sous différents angles, on la voit plus large et on peut se forger sa propre opinion.

En général, les spécialistes travaillant sur le sommeil des enfants sont divisés en deux camps opposés. Le premier dit qu'il n'est pas nécessaire d'apprendre à l'enfant à s'endormir tout seul et à réguler son régime, le bébé le fera lui-même. Ils croient qu'il est nécessaire de suivre l'enfant et de lui fournir les conditions maximales dans lesquelles il dort bien, et peu importe comment. Cela comprend la nidification jusqu'à trois ans, l'allaitement autant de fois que nécessaire jusqu'à l'auto-sevrage, quel que soit l'âge de l'enfant, la volonté de tenir l'enfant par la main jusqu'à ce qu'il s'endorme jusqu'à ce qu'il grandisse, se sépare et apprenne tout sur son posséder.

Donc, on voit qu'il y a des approches complètement différentes. Leur différence globale, à mon avis, est dans l'orientation: la première approche est centrée sur l'enfant, la seconde - sur le parent. Les méthodes qui proposent de suivre l'enfant dans la pleine satisfaction de ses besoins s'adressent entièrement à l'enfant et ignorent les besoins des parents. Les techniques de sommeil rapide rigide s'adressent principalement aux parents.

À mon avis, aucune de ces approches n'est compatible avec une stratégie gagnant-gagnant (won-won), où chaque camp gagne. Si vous y réfléchissez, ces deux approches conduisent à la fois l'enfant et les parents à perdre. Suivre complètement l'enfant, en s'attendant à ce qu'il établisse lui-même un régime quotidien et alimentaire, qu'il apprenne à bien dormir et se procure des conditions favorables pour s'endormir, est absurde. De plus, nous privons ainsi l'enfant et toute la famille du sommeil sain nécessaire et, par conséquent, nous obtenons un enfant grincheux et insatisfait et des parents somnolents et irrités au bord de la folie.

Lorsque nous ne pensons qu'à la commodité des parents et que nous voulons nous endormir le plus rapidement possible, nous déplaçons le bébé trop tôt dans la pièce voisine, ou utilisons la méthode des pleurs contrôlés ou la méthode dans laquelle le bébé doit pleurer seul avant de s'endormir, on ne considère pas les conséquences. Toutes ces approches affecteront négativement la relation avec l'enfant à l'avenir, car les pleurs de l'enfant sont la façon dont le bébé communique, sa seule occasion de nous parler, d'appeler à l'aide. Lorsqu'un enfant pleure, et que personne ne réagit à ses pleurs, à son appel, il reçoit un signal : « Je pleure, j'appelle, mais ce n'est pas grave. Quand il arrête de pleurer, il arrête de se déclarer et de déclarer ses besoins. Cela a un effet négatif sur son estime de soi et sur la confiance fondamentale dans le monde, base d'un autre sur la confiance en son proche adulte. Maman perd ses sens s'habitue à ne pas réagir aux larmes des miettes. Il est programmé par la nature que les larmes d'un enfant provoquent des émotions très fortes chez les parents, et la première impulsion est de sauter, courir, se calmer, trouver la cause, éliminer le problème. Et si une mère se retient artificiellement, ne s'approche pas d'un enfant qui pleure pendant dix minutes, une demi-heure, une heure, deux heures, un mécanisme de protection s'enclenche, elle devient indifférente à ses pleurs, ne répond plus à un appel à l'aide et un appellent à la communication et détruisent ainsi la connexion entre eux et le bébé.

Prenez le meilleur

Que faire? Vous pouvez tirer le meilleur parti de chaque approche. Si une mère a la possibilité de nicher jusqu'à cinq ans, d'allaiter jusqu'à trois ans et qu'elle en profite, si tout le monde dort suffisamment et se sent bien, alors il n'y a pas de problème, rien ne doit être changé. Vous devez changer ce qui ne fonctionne pas.

Il existe en fait de nombreuses méthodes, plus de deux ou trois, vous devez choisir celle qui convient à votre famille. Il existe des méthodes où le résultat est obtenu plus lentement, mais presque sans protestation de l'enfant. Il y en a des plus rapides, mais en même temps plus protestataires. Les techniques que je propose tiennent nécessairement compte de la relation étroite entre les parents et l'enfant, je n'en ai donc jamais utilisé dans mon travail et je ne conseille à personne de contrôler les pleurs selon Esteville ou Ferber ou les pleurs seuls selon Weissbluth.

Pourquoi les méthodes peuvent ne pas fonctionner ?

Chacune des techniques fonctionne à des vitesses différentes et avec des degrés divers de protestation de la part de l'enfant.

Mais il arrive que la technique ne fonctionne pas. Cela se produit pour cinq raisons principales.

La première raison est le manque de préparation. Si la routine quotidienne et les rêves diurnes ne sont pas ajustés, les perles ne sont pas collectées, tous les facteurs qui affectent le sommeil au maximum ne sont pas pris en compte, aucune des méthodes ne fonctionnera.

Un exemple courant. Maman a lu une description d'une technique populaire sur Internet et le même jour a commencé à la mettre en œuvre. Naturellement, cela n'a pas fonctionné, car un enfant surexcité avec un manque de sommeil accumulé et une routine quotidienne déséquilibrée ne s'endormira pas, comme par magie, tout seul. Une mère déçue, ayant finalement mis son enfant au lit avec difficulté, écrit un signalement sur le forum que la technique ne marche pas. Avec une bonne préparation, n'importe quelle technique fonctionnera. Et cela échouera si tous les anneaux précédents de la pyramide ne sont pas collectés.

La deuxième raison est des actions incohérentes. Maman a fait un rituel, puis a soudainement changé d'avis et l'a changé. Puis elle prit le bébé dans ses bras, puis s'arrêta brusquement, puis le reprit une fois. Cela confond l'enfant, il ne sait pas à quoi s'attendre et à la fin il n'apprend rien.

La troisième raison est des actions cohérentes mais pas persistantes. Maman a agi de manière cohérente et conformément au plan pendant plusieurs jours, mais, fatiguée, elle a décidé une fois de mettre l'enfant au lit rapidement, en utilisant l'ancienne façon de s'endormir. Elle a abandonné à mi-chemin, donc tous les efforts précédents ont été vains. N'abandonnez pas, car tout recommencer est beaucoup plus difficile.

La quatrième raison est un choix indépendant d'une technique sans tenir compte de l'âge et des caractéristiques du tempérament de l'enfant. Puisqu'il existe de nombreuses méthodes, vous devez très bien comprendre l'essence de chacune d'entre elles, pour déterminer à quel âge et à quel caractère l'une ou l'autre est la mieux adaptée. Les enfants sensibles sont contre-indiqués dans les méthodes dures. Les enfants qui sont enclins à la complaisance et à l'adaptabilité sont plus faciles à tolérer tout changement et même sans protestation sont capables d'accepter des méthodes de protestation rapides.

La cinquième raison est le mauvais moment pour travailler avec le sommeil. Ceux-ci incluent: la maladie du bébé ou sa convalescence après celle-ci, le pic de l'éruption de la dent suivante, des changements importants dans la famille (la naissance d'un enfant plus jeune, l'arrivée de parents, le déménagement dans un autre appartement, à la campagne), un voyage de vacances. Tous les changements peuvent provoquer de l'anxiété chez l'enfant et conduire à une excitation accrue.

Ne pensez pas que vous réparerez votre sommeil une fois pour toutes

Si vous avez réussi à résoudre le problème du sommeil de l'enfant, rappelez-vous qu'il est impossible d'établir le sommeil une fois pour toutes, des régressions peuvent survenir. Rappelez-vous à nouveau ce qui peut y conduire. C'est un saut de développement, et la maladie d'un bébé, et tout changement de situation, et une journée bien remplie, et la célébration d'une date importante, et des invités ... Il n'y a rien de mal avec les régressions, le plus important est de savoir quoi faire, alors ils ne traîneront pas longtemps, mais passeront en quelques jours seulement, et le retour au point de départ ne se produira pas.

Durant cette période difficile, lorsque vous travaillez sur le sommeil de votre enfant, vous avez besoin de soutien. Trouvez une personne qui a déjà réussi et rechargez-vous avec espoir et positif de sa part. Si vous-même avez déjà des améliorations, partagez cette joie avec d'autres mères, soutenez-les. Vous comprenez parfaitement qu'à tout moment vous voulez abandonner, faire preuve d'incohérence et finalement tout abandonner et revenir à l'ancien. Si toutes les difficultés de travailler pour améliorer le sommeil sont derrière vous, vous avez réussi cette tâche, essayez de créer un groupe sur les réseaux sociaux, écrivez à ce sujet sur votre blog. La seule chose que je vous demande, c'est : n'essayez pas de donner des conseils à une mère sur la façon d'agir dans sa situation particulière, car sa situation peut être très différente de la vôtre. Si vous voulez aider professionnellement, vous devrez d'abord suivre une formation sérieuse et devenir consultant en sommeil pour enfants. Et si vous avez un diplôme en médecine, vous pouvez devenir médecin du sommeil. Et seulement après cela, donnez des conseils de manière professionnelle et responsable.

associations de sommeil

La raison la plus importante des réveils fréquents sont les associations de sommeil qui nécessitent la participation des parents. Si le bébé s'endort en tétant au sein, à chaque réveil entre les cycles de sommeil, il aura besoin du sein pour se rendormir. Même si le bébé n'a pas faim, il demandera quand même un sein, car c'est le seul moyen qu'il connaisse pour s'endormir.

Si votre bébé a plus de six mois mais se réveille encore plus de deux fois par nuit, vous devez comprendre la raison des réveils nocturnes.

Notez dans la colonne de droite sans quoi votre bébé ne peut pas dormir et quelles actions vous devez répéter lors de ses réveils.

Il n'y a, bien sûr, rien de mal à ces actions, donc je ne les appelle pas des associations négatives. Allaiter ou bercer un bébé, c'est bien ! Le plus important est de ne pas faire cela comme le seul moyen de s'endormir !

Si votre bébé s'endort avec une aide extérieure mais ne se réveille pas la nuit, vous avez de la chance et il n'y a pas de problème. Donc, tant que tout le monde est satisfait de tout, vous ne pouvez pas vous inquiéter. Si vous trouvez une association qui provoque des réveils nocturnes fréquents, vous pouvez et devez y travailler ! Aider votre bébé à apprendre à s'endormir tout seul, c'est possible ! L'essentiel est de commencer à agir !

Technique d'auto-sommeil

Comme je l'ai dit, il existe de nombreuses méthodes d'auto-endormissement. Il y a des protestations plus rapides et plus, il y a des protestations moins rapides et moins. Et chacun a ses avantages et ses inconvénients.

Le plus rapide a le côté positif que travailler pour s'endormir seul prend jusqu'à deux semaines, et les premiers résultats apparaissent pour quelqu'un déjà la première ou la troisième nuit, maximum le cinquième jour. Ensuite, la compétence est fixée et après deux semaines, le bébé s'endort tout seul.

Mais cette technique a aussi un inconvénient: l'enfant pleure, et bien que la mère soit à proximité, calme et soutient selon un certain schéma, en évitant l'hystérie, c'est moralement difficile. Par conséquent, en travaillant avec une méthode plus contestataire (je l'appelle la « méthode des trois cubes »), il est nécessaire d'avoir un accompagnement spécialisé et un soutien de groupe, que les mères reçoivent lors de formations et de consultations individuelles. Sans ce soutien, rien qu'en lisant la description, vous pouvez commettre de nombreuses erreurs, ne pas terminer le travail, et les larmes du bébé seront vaines.

Je ne peux pas laisser votre bébé pleurer, et cela s'est avéré vain, alors je vous propose une technique moins protestante qui ne provoque pas de larmes. Il est plus long, conçu pour 1 à 2 mois de travail cohérent et impliqué, mais convient mieux à une utilisation indépendante.

La technique du "Changement progressif", ou Pas à pas

Vous devez rédiger un plan, le décomposer en étapes. Vous aurez besoin de beaucoup de persévérance et de cohérence, car chaque étape prendra 3 à 7 jours.

Fixez le point de départ, par exemple: s'endort uniquement au niveau de la poitrine, en se réveillant 5 à 8 fois, pour s'endormir, il faut donner le sein.

Ensuite, décrivez ce que vous voulez atteindre. Ce dernier point pourrait ressembler à ceci : je me couche, je dis bonsoir et je sors ; ou je m'assieds tranquillement à côté de vous, et l'enfant lui-même s'endort dans le berceau. Chacun aura son propre point final, mais par exemple, prenons une situation dans laquelle vous n'avez pas besoin de quitter la pièce.

Exemple de plan :

1. Je nourris, j'ajoute des sifflements et des tapotements à la fin de la tétée. Au tout dernier moment, avant que le bébé n'ait fermé les yeux, je siffle, le tapote, le distrait, et retire mon sein de ma bouche. S'endort sur les poignées, les dernières secondes ont été sans sein dans sa bouche. S'il se met à pleurer, je lui donne immédiatement le sein jusqu'à ce qu'il se calme, puis j'essaie de le reprendre avant de m'endormir complètement.

2. Je nourris, siffle, applaudis, sors mon sein un peu plus tôt qu'au premier stade, c'est-à-dire que l'enfant en est conscient. S'endort en sifflant et en frappant dans les mains. S'il se met à pleurer, je lui donne immédiatement le sein jusqu'à ce qu'il se calme, puis j'essaie de le reprendre avant de commencer à m'endormir.

3. Je me nourris, puis je passe au berceau, siffle, tapote jusqu'à m'endormir. S'endort dans le berceau en sifflant et en tapotant. Si elle se met à pleurer, je la prends immédiatement dans mes bras, j'essaie de la calmer dans mes bras avec un sifflement et une tape. S'il ne se calme pas, je donne le sein jusqu'à ce qu'il se calme, puis je le mets dans le berceau pour m'endormir en sifflant et en tapotant.

4. Je le mets dans le berceau, siffle et tapote jusqu'à ce qu'il se calme, et ne m'endors qu'avec un sifflement. Si elle pleure, j'ajoute une tape au sifflement jusqu'à ce qu'elle se calme. Puis j'arrête de tapoter pour ne m'endormir qu'avec un sifflement.

5. Siffler pour se calmer. Il s'endort en silence.

Un son et un toucher apaisants peuvent être n'importe quoi. Si le sifflement est ennuyeux, vous pouvez marmonner ou dire "ah-ah-ah-ah". Si vous n'aimez pas les caresses, remplacez-les par des caresses ou mettez simplement votre main dessus. L'essentiel est que le son et le toucher soient les mêmes tout au long du travail et apaisent l'enfant. Les étapes elles-mêmes peuvent également être quelconques, tout dépend de votre situation initiale et de l'objectif final.

Vous pouvez décomposer le processus en étapes plus petites ou, à l'inverse, sauter une étape. À tout moment, vous pouvez reculer d'un ou deux pas en arrière. Mais assurez-vous ensuite d'avancer et essayez de ne pas vous attarder trop longtemps à chaque étape. Comme vous pouvez le voir, il faut beaucoup de temps, de patience, de persévérance et de cohérence pour travailler avec des changements progressifs. Il a besoin d'une ressource, alors veillez à vous reposer dès que possible, dormez avec le bébé pendant la journée, demandez à quelqu'un de rester avec l'enfant afin de récupérer un peu. Couchez-vous le plus tôt possible le soir, sinon vous n'aurez pas la force de parcourir ce chemin jusqu'au bout.

Pas à pas:

1. Divisez le chemin en petites étapes.

2. Ce qui a été fait avant de s'endormir à l'étape précédente, à l'étape suivante, est fait jusqu'au calme.

3. Chaque étape prend 3 à 7 jours.

4. Vous pouvez aller plus vite ou, au contraire, le décomposer en étapes encore plus petites.

5. Vous pouvez revenir en arrière.

Chapitre 7

Comment faciliter les soins de bébé ?

Nous vivons à l'époque du baby-boom, il existe donc de nombreux appareils qui facilitent la prise en charge d'un enfant. Je veux partager avec vous quelques astuces de la vie, que, malheureusement, tout le monde ne connaît pas.

emmailloter

Si votre bébé a moins de 4 à 5 mois, vous aurez peut-être besoin d'un sac de couchage spécial à fermeture éclair pour l'emmailloter. Les avantages de cette méthode sont évidents. Premièrement, l'enfant ne surchauffe pas, car il est enveloppé dans une seule couche de tissu. Lorsqu'un nourrisson est emmailloté, il est généralement enfilé d'abord dans un body ou un pyjama à manches longues, puis enveloppé dans trois couches d'une couche. À cause d'un tel «chou» de tissu, un bébé peut être chaud et inconfortable, et un tas de plis se forment qui l'irritent. Deuxièmement, emmailloter un enfant dans un tel sac ne prend que quelques secondes, mais il est difficile de s'en déshabiller en tirant la poignée hors du bébé. J'avais un gros problème avec l'emmaillotage, même si j'utilisais un emmaillotage spécial avec des ailes, ce qui signifiait que le bébé ne pouvait pas "sortir" de celui-ci. Mais ma fille l'a fait et j'ai dû répéter l'opération plusieurs fois dans la nuit, ce qui naturellement a réveillé tout le monde. De plus, dans une gigoteuse, grâce au tissu élastique, l'enfant peut bouger un peu ses bras, mais en même temps les maintenir dans une position confortable au niveau de la poitrine.

Sucette

Si un enfant plus âgé dort avec une tétine, la perd périodiquement et ne peut pas la trouver dans l'obscurité, il existe deux solutions. Dans le premier cas, si l'enfant se réveille toutes les heures et demie à deux heures, vous devez lui apprendre à s'endormir sans tétine, après avoir travaillé avec cette forte association pour s'endormir. Dans le second cas, si l'enfant se réveille une ou deux fois par nuit précisément parce qu'il l'a perdu, vous pouvez utiliser des lingettes spéciales avec attache-tétine. Sur un chiffon rectangulaire, les sucettes sont attachées de différents côtés, la nuit, le bébé peut les tâtonner lui-même et insérer n'importe lequel dans sa bouche avec n'importe quel côté.

Alimentation de nuit avec alimentation artificielle (IV)

Si l'enfant est nourri au biberon, la nuit, la mère doit se réveiller, se lever, aller à la cuisine, réchauffer une bouteille d'eau. Pendant qu'elle fait tout cela, l'enfant affamé se réveille, crie, attend de la nourriture. Avec l'aide de chauffe-biberons spéciaux, les tétées nocturnes des "artistes" peuvent être faites en quelques secondes. Le chauffe-eau fonctionne à partir d'un réseau et maintient une certaine température de l'eau. Si vous le mettez et le distributeur avec le mélange à côté de votre lit, vous n'aurez même pas le temps de vous réveiller, en versant rapidement le mélange dans l'eau déjà chaude et en tordant le mamelon. Deux secondes et vous êtes prêt. Vous ne vous êtes pas levé, vous n'avez pas calmé le bébé qui pleurait, votre sommeil n'a pas été fragmenté.

Nous portons le bébé avec nous

Beaucoup de gens sous-estiment les harnais et les porte-bébés. En fait, ils sont très confortables, car ils libèrent vos mains. De plus, certains enfants n'aiment pas monter dans des poussettes, dans de tels cas une écharpe ou un sac à dos ergo est indispensable. S'il semble que le harnais est difficile et inconfortable, vous devez contacter un consultant en harnais. Lorsque vous apprendrez à utiliser correctement le harnais, il deviendra très facile de l'enrouler et vous apprécierez tous ses avantages.

bruit blanc

Si votre enfant a besoin de bruit blanc pour bien dormir, vous pouvez acheter des générateurs de bruit blanc spéciaux ou télécharger un programme spécial sur un smartphone ou une tablette. Il existe de nombreux programmes avec bruit blanc, vous trouverez sûrement celui qui vous convient. Une famille m'a dit que leur bébé est apaisé par le bruit d'un sèche-cheveux en marche. L'enfant a cessé de pleurer et s'est bien endormi lorsqu'il a entendu le sèche-cheveux se mettre en marche. Ensuite, les parents ont pris la décision créative d'emmener le sèche-cheveux au lit et, lorsque l'enfant s'est réveillé, ils l'ont allumé. L'enfant a été calmé, bien sûr, non pas par un sèche-cheveux, mais par un bruit blanc, qu'il n'est pas du tout nécessaire d'"extraire" à l'aide d'appareils électroménagers. Il suffit d'acheter un générateur spécial ou d'installer le programme sur le gadget.

Comment améliorer le sommeil de votre enfant en stoppant les mauvais conseils

Top 10 des mauvais conseils et des idées fausses que vous pourriez entendre sur le fait d'aider votre bébé à dormir

1.Le conseil le plus important et le plus nocif: laissez l'enfant être plus fatigué - il dormira mieux. Un enfant qui est resté éveillé trop longtemps et qui est très fatigué est surexcité, il lui sera donc très difficile de s'endormir. Même s'il s'endort, il dormira moins bien, se réveillera plus souvent et se réveillera plus tôt qu'il ne le pourrait le matin. Il vaut mieux ne permettre ni fatigue ni surexcitation du bébé.

2.Terminez l'allaitement, puis le bébé dormira bien. Si le bébé ne peut pas s'endormir sans téter le sein, cela ne signifie pas du tout que vous devez arrêter l'allaitement. Il faut travailler les associations pour s'endormir ! L'allaitement n'a rien à voir avec un sommeil réparateur si l'enfant peut s'endormir sans sein et enchaîner les cycles de sommeil. Un grand nombre de bébés dorment bien.

3.Donnez à votre enfant des gouttes, des comprimés ou des tisanes apaisants avant de se coucher. Tout cela n'aura aucun effet si l'enfant arrive au moment du sommeil surexcité, au mauvais moment, et avec des associations d'endormissement qui nécessitent l'aide des parents. De plus, certains médicaments recommandés sur les forums et les sites Web peuvent nuire considérablement à la santé d'un enfant. Par conséquent, ne donnez jamais de médicaments sans ordonnance d'un médecin. Vous pouvez, bien sûr, faire des bains avec des décoctions à base de plantes, mais vous devez vraiment travailler sur autre chose.

4. Laissez-le grandir.Dépasser signifie atteindre trois, quatre, sept ans ou l'âge auquel le nombre actuel d'heures de sommeil du bébé est considéré comme la norme. Et jusque-là, pendant trois ans, l'enfant n'aura pas les heures de sommeil vitales, et toute la famille souffrira du manque de sommeil. Vous pouvez devenir fou, et même trois ans ne suffisent pas toujours. Selon les recherches, pour de nombreux enfants, les problèmes de sommeil ne disparaissent pas d'eux-mêmes après trois ou cinq ans. Ils doivent donc être traités dans les plus brefs délais.

5.Le travail de la technique d'auto-sommeil consiste à laisser l'enfant crier seul. Comme je l'ai dit, il existe de nombreuses méthodes. Je ne recommande jamais les techniques qui suggèrent de laisser un enfant pleurer seul dans une pièce. Dormir seul est un outil qui aide votre bébé à bien dormir en reliant les cycles de sommeil. On apprend à un enfant à manger avec une cuillère, à boire dans une tasse, à faire ses premiers pas, pourquoi faut-il être dur et même cruel quand il s'agit de dormir ? Le bébé a besoin d'être aidé à apprendre à s'endormir et à bien dormir, et de le faire doucement.

6.Nourrissez le bébé toute la nuit, il se réveille définitivement de la faim. Jusqu'à six mois est considéré comme normal si le bébé mange la nuit. Mais le nombre de tétées nocturnes devrait être inférieur à celui de la journée. Si un enfant reçoit suffisamment de calories pendant la journée, il se réveille la nuit, probablement pas de faim, mais à cause d'une surexcitation ou d'une association pour s'endormir qui nécessite une aide extérieure. Il est faux de dire que la faim est la seule cause de réveils fréquents, surtout chez les bébés de plus de six mois.

sept.Nourrissez une bouillie plus dense la nuit, alors il sera bon de dormir. Si la routine quotidienne n'est pas établie, si les conditions de sommeil favorables ne sont pas collectées, s'il existe des associations pour s'endormir qui nécessitent la participation des parents, aucune bouillie avant le coucher n'aidera.

8.L'enfant ne dort pas bien à cause des dents. L'inconfort de la dentition peut perturber le sommeil d'un enfant, mais cela ne dure que quelques jours au maximum, mais jamais pendant des mois ou des années.

9.Laissez l'enfant tranquille, lui-même sait mieux ce dont il a besoin, s'il veut dormir, il s'endormira. Le sommeil, bien sûr, est un processus naturel, mais l'enfant n'est pas en mesure d'en être responsable et il ne peut pas se procurer indépendamment des conditions favorables pour s'endormir: fermez les rideaux et allez vous coucher à l'heure, sans attendre la surexcitation. Il ne peut pas s'apprendre à s'endormir. On n'attend pas d'un enfant d'un an qu'il cuisine quand il a faim et fasse la vaisselle après lui.

dix.Ne le laissez pas dormir pendant la journée, il dormira mieux la nuit. Malheureusement, le schéma est inversé dans ce cas. Un bon sommeil pendant la journée est la clé d'une bonne nuit de sommeil. Si l'enfant ne se repose pas suffisamment pendant la journée, la surexcitation et la fatigue s'accumuleront la nuit, il sera donc plus difficile pour le bébé de s'endormir, il dormira de moins en moins et se réveillera tôt le matin.

Conclusion

Vous avez lu ce livre jusqu'au bout, il est génial !

Vous savez maintenant pourquoi le bébé est très méchant pendant la journée, dort peu pendant la journée, pourquoi il se réveille souvent la nuit et ne peut pas s'endormir longtemps s'il n'est pas couché à temps. Et surtout, vous savez maintenant comment y remédier.

Vous avez su trouver en vous la force et la motivation pour travailler sur le sommeil de votre bébé pendant cette période sans doute difficile pour vous.

J'ai essayé de vous donner toutes les informations dont vous avez besoin pour améliorer votre sommeil et communiquer positivement avec votre enfant. Je l'ai structuré, décomposé en étapes séquentielles compréhensibles et donné tous les outils à l'aide desquels vous pourrez bientôt commencer à dormir suffisamment et à communiquer positivement.

Si vous n'êtes pas assez fort pour parcourir ce chemin seul, ou si vous avez désespérément besoin d'un soutien et d'une assistance personnels, vous pouvez toujours demander des conseils individuels ou suivre une formation sur le sommeil du bébé adaptée à son âge.